Mi Dios no tiene religión

Mi Dios no tiene religión

Wilfredo Robles

Mi Dios no tiene religión
segunda edición revisada,
diciembre 2014
San Juan, Puerto Rico

© 2014 Wilfredo Robles www.wilfredorobles.com
wrobles@wilfredorobles.com

ISBN
978-1-61887-184-8

Los nombres de las personas, que no son figuras públicas y que se mencionan en las diferentes situaciones descritas en este libro han sido cambiados. Cualquier nombre similar es pura coincidencia.

Queda prohibida, sin autorización escrita del titular del derecho de autor, la reproducción total o parcial de esta obra.

La versión de la Santa Biblia utilizada como referencia para este libro fue:
Reina Valera, 1960.
Editorial Vida

INTRODUCCIÓN

Desde la era de las cavernas, la raza humana, en todas las culturas y países, se ha querido comunicar con un ser superior. La programación inherente en nuestro ADN, la que nos lleva a querer comunicarnos con un ser superior, ha motivado a los científicos a pensar que debe haber en la raza humana un "gen religioso". Personalmente no puedo aseverar que este gen exista. Eso es lo que algunos científicos especulan y, si es un gen, debe estar en el ADN. Este gen no han podido encontrarlo en ningún laboratorio científico aunque se podría decir que podemos verlo manifestado en la creación de las religiones. Pero, éste –de ser encontrado o no– está mal nombrado. El mismo debería ser llamado gen espiritual y no gen religioso, pues han sido, precisamente, las religiones las que han imposibilitado al hombre su conexión con el Ser Divino.

Esta aseveración que hago muchos la encontrarán fuerte, tonta y carente de sentido, pero el adoctrinamiento, la programación mental de tantos siglos y la pérdida de nuestra verdadera identidad espiritual a consecuencia del fenómeno religioso, es lo que ha llevado al individuo a pensar que es a través de las religiones que puede acercarse al Ser Supremo. Lamentablemente para los que todavía están dormidos con la morfina religiosa, las religiones se han encargado de sacar a Dios de la ecuación.

El hombre, en su deseo innato de conectarse con lo Divino, de comunicarse con la fuente, con la energía matriz en donde todo se cimenta, dio paso a la creación de ideas y de sistemas organizados dentro de sus respectivas culturas.

Mi Dios no tiene religión

Mediante ritos, métodos y ciertos estilos de vida, el hombre trató de conectar con lo Divino. Pero para desgracia de la raza humana, las religiones se convirtieron en la peor pesadilla de nuestra existencia terrenal. Éstas han causado la muerte a millones de personas provocando guerras de fanáticos; han saqueado pueblos, y desaparecido culturas enteras en nombre de Dios. Han dividido al mundo entre cristianos, musulmanes y budistas, sólo por mencionar algunas. Han dividido las familias por pertenecer a denominaciones distintas, aún dentro de su misma religión por ejemplo las denominadas "evangélicas": Testigos de Jehová, Pentecostales, Bautistas, Presbiterianos, Menonitas, Mormones, Adventistas, etc.

La religión ha fragmentado al individuo llevándolo de un extremo a otro, lo bueno o malo, Dios o el Diablo, blanco o negro, sin tonos grises ni puntos intermedios. O eres de Dios o eres del Diablo, eres de Jesús o eres pecador, eres de Alá o eres infiel. Los líderes religiosos fuerzan a los feligreses a asistir con regularidad a sus templos y/o servicios religiosos y le hacen perder su identidad como individuo. Los líderes religiosos llegan al extremo de no respetar el libre albedrío. Se contradicen cuando dicen que Dios nos lo dio, pero ellos nos lo reprimen so pena de ponernos en disciplina o de expulsarnos y prohibirnos compartir con el resto del grupo. Para poder "comulgar" con sus "hermanos en la Fe", te dicen cómo vestir, cómo y qué cosas comer, a qué lugares puede ir y con quién o quiénes puede compartir.

En otras palabras las religiones: dividen, controlan, fanatizan, embrutecen, atemorizan, atan, prohíben. De hecho, la palabra religión viene de **religio** en latín, que, a su vez, proviene de **religare** que quiere decir volver a atar.

Es mi propósito que a través de esta lectura, el lector reconsidere la idea de que las religiones le acercan a Dios o al ser Divino. Compartiré mis experiencias religiosas y mis experiencias espirituales; presentaré mi propuesta para crear una sociedad no fragmentada, sin temores, centrada y en paz consigo y con el mundo. Esto es una propuesta que nos permite reconocer en cada uno la chispa divina que nos comunica con lo sublime, con lo eterno, con Dios, con la inteligencia universal, o como prefieras llamarlo. En fin, una propuesta que nos facilite evolucionar a un nivel donde podamos crecer juntos y desarrollarnos en paz y armonía hacia nuestro máximo potencial, y para esto la raza humana necesita erradicar todos los sistemas religiosos.

El individuo, como núcleo de la sociedad, no puede andar fragmentado emocionalmente. Durante el transcurso de la lectura comprobarás cómo las religiones han enfermado y fragmentado la esencia del hombre.

Espero que mi propuesta para una revolución espiritual toque alguna fibra de tu ser, que podamos juntos echar a un lado la división y el extremismo religioso para reconocer que nosotros somos todos parte del Ser y que en ti y en mí está detallada e impresa la manera de llegar a casa sin la necesidad de un dinosaurio llamado "religión" condenado a morir.

Quiero explicar de antemano que este libro, MI DIOS NO TIENE RELIGIÓN, lleva como propósito criticar los sistemas religiosos y presentar una visión más espiritual y más inclusiva; que en el transcurso de la lectura estaré presentando argumentos y hechos históricos de diferentes religiones, pero en su mayoría estaré haciendo alusión a la religión cristiana. Las razones: número uno, que el cristianismo domina gran parte del globo terráqueo en el cual me ha tocado vivir y continua sus planes de expansión, y número dos, que Jesús, a quien se le atribuye la creación de la religión cristiana, ha sido un personaje, que además de controvertible, ha sido mal interpretado. Este Maestro nunca quiso crear un sistema religioso, sino que, por el contrario, tenía una visión antirreligiosa y la estaré compartiendo como parte del propósito de este libro.

Mi Dios no tiene religión

Sé que muchas personas van a reaccionar a estas ponencias de la misma manera en que la elite religiosa judía reaccionó hace dos mil años atrás. ¿Por qué?, porque el mensaje es el mismo de Jesús quien basó sus enseñanzas en criticar el sistema religioso. Jesús estableció una revolución espiritual trayendo un cambio de conciencia sobre Dios y sobre nuestra manera de acercarnos a él. Un cambio que nos daba libertad mental, espiritual y física. Esta manera de acercarnos a Dios atentaba contra el andamiaje religioso de su tiempo. Fue por esa razón que buscaron justificaciones para que el poder judicial en control de Roma lo ejecutara. Creo pertinente examinar la visión de Jesús, conjuntamente con la historia y algunos datos estadísticos, para arrojar luz sobre cómo las religiones nos han afectado de manera negativa. Sé que lo que quiero plantear representa un gran esfuerzo ya que son muchos los años de creer y vivir repitiendo algo que se te enseñó y que su negación según se enseña representa condenación y castigo eterno. Pero, a través de la lectura veremos cómo estos sistemas estructurados de religión subsisten precisamente en la medida en que sus ideas se imponen sobre las otras mediante el temor y hasta la violencia, creando el monopolio de cómo te acercas a Dios.

Si bien es cierto, y lo veremos en el transcurso de la lectura, que la historia de las religiones está plagada de matanzas y guerras, éstas también han tratado de sepultar tu propia naturaleza divina, haciéndote creer que eres malo y que estás perdido. Te han hecho creer que necesitas de guías, pero en vez de guiarte te ponen en conflicto contigo mismo, con tus hermanos planetarios, con la ciencia y sus avances y en conflicto con cualquier idea que afecte su estructura. Aún dentro de las treinta mil denominaciones cristianas que existen, unos alegan tener la verdad y condenan a los otros al infierno u otro tipo de tormento, todo dentro de una misma religión. ¿Cómo es posible que haya tanta diversidad de opiniones y enemistades aún dentro de una misma religión? Contestación: porque la religión nunca ha unido sino que ha sido un aparato conflictivo y de discordia.

Las mayores religiones al día de hoy que tuvieron como base el Antiguo Testamento para su desarrollo –el judaísmo, el islam y el cristianismo–, todas han difundido la separación, el miedo y las matanzas. Ésta es otra razón por la cual estaré citando la Biblia y las enseñanzas de Jesús –a quien considero el líder espiritual antirreligioso más grande de todos los tiempos. Las mismas escrituras que se utilizan para perpetuar el miedo, el control y la división y que está prohibido cuestionarlas son las mismas que guardan las palabras de Jesús que llamó hipócritas a los líderes religiosos.

Espero que mis críticas y mis observaciones además de crear inconformidad en ciertos sectores puedan servir para que el buscador espiritual comience a moverse hacia el desarrollo de una vida más inclusiva, más relajada, y que redunde en la transformación de los sistemas religiosos. Espero poder aportar a un mayor entendimiento de esa energía amorfa que llamamos Dios y fomentar la visión de los maestros como Jesús que abrazaba la unión, el compartir y el amor a la vida en todas sus manifestaciones.

CAPÍTULO I
Una experiencia inicial con lo Divino

Muchas personas y yo, tal vez tú también, amigo lector, hemos estado inmersos en algún tipo de grupo o institución religiosa. Muchos hemos llegado ahí porque se nos enseñó de niños, nacimos y crecimos participando dentro de esta denominación o religión particular. De esta manera, nuestra programación espiritual nos llevó a buscar donde creímos o donde se nos enseñó que estaba Dios.

En mi caso particular, mi experiencia espiritual vino primero que mi experiencia religiosa. Mi primera experiencia espiritual fue tan impactante para mí que me adentré en las esferas religiosas buscando tener esta comunicación más íntima con el Ser Divino. Esa experiencia espiritual me llevó precisamente a la búsqueda del "Ser", pero en el lugar equivocado. Permíteme compartirte mi experiencia.

Para el año 1991, me encontraba desarrollando un negocio dentro de la industria del vidrio a nivel comercial y residencial. Para este tiempo a pesar de venir de una familia de comerciantes, decidí adquirir conocimientos en administración de empresas ya que venía de terminar un bachillerato en sistemas de justicia, área en la que no me desempeñé hasta pasados muchos años. En la Universidad donde decidí tomar unos talleres sobre administración de empresas conocí a una persona muy humilde, brillante e inteligente que se ganó mi admiración y respeto.

Política, economía, historia… de todo sabía. Tal vez por esa razón trabajaba en la biblioteca de la Universidad donde yo pasaba tantas horas. Sentía admiración por el individuo hasta que me comenzó a hablar del tema de "Dios" desde su perspectiva religiosa. Fue entonces cuando comencé a preguntarme cómo era posible que un individuo tan brillante creyera todas esas cosas. Realmente entre admiración y desconocimiento me sentía confundido con Rafael, que ése era su nombre.

Empecé a darle vueltas en mi cabeza, a ver cómo podía engranar unas cosas con otras. Yo, que nunca había negado ni dudado de la existencia del Ser Supremo comencé a dudar. Pensaba que si las religiones eran un cuento más, la deidad era producto de ellas y, por lo tanto, no existía tal ser supremo. Por otro lado, toda la creación, el cosmos, nuestro cerebro, los organismos unicelulares, planetas y galaxias, todo me mostraba un orden, un diseño, pero... no, "eso de Dios, es un invento de las religiones", me decía yo en mis pensamientos.

Noche y día, daba vueltas en mi cabeza la pregunta de si sería real o no eso que llamamos Dios. Entonces, una noche mientras esperaba para tomar una clase sentado en un banquillo me cuestioné si existía o no un Dios. Decidí realizar un experimento, o más bien decidí lanzar un reto. Así que de manera clara y en voz baja, respiré hondo y de los más profundo de mi ser y de mi corazón dije: "Donde quiera que estés, si tú realmente nos escuchas, si tú eres real, por favor envíame un ángel que me diga: sí yo soy real y sí existo". No fue sorpresa... Pasaron minutos sin que nada ocurriera. Y mientras repetía en mis pensamientos lo tonto que era por hacer semejantes estupideces y hablar con un supuesto Dios que no existe, pasó por mi lado una señora bastante gruesa, de pelo corto. No saludó, ni tan siquiera miró, pasó por mi lado y siguió de largo, se detuvo como a 60 pies de distancia de mí. Parecía haberse recordado de algo que olvidó en donde estaba. Para aumentar mi malestar en ese momento, la señora dio media vuelta y vino derecho hacia mí, cuando lo más que yo quería era estar solo con mis pensamientos. A medida que se me acercaba, noté, en su expresión, que pareciera haber visto un fantasma y cuando estuvo frente a mí con voz jadeante me dijo: "Mira joven, yo acabo de escuchar la voz de Dios que me dijo a mí que te dijera a ti que él es real y que existe". ¡Wow! ... imagina mi impresión. El ángel alado nunca llegó como yo lo esperaba, pero mi reto había sido contestado. Mi mente confundida había comenzado a ver luz. Desde entonces, ese encuentro personal con lo Divino sembró en mí un enorme interés de conocer más a ese Ser que me había contestado y que la gente llamaba Dios.

Fue de esa manera que comencé a buscar y a conocer más a ése o eso que contestó mi reto. Así me adentré y me sumergí en la religión haciendo todo lo posible por comunicarme con el ser que me contestó. Estudiaba, oraba, ayunaba. Más tarde, enseñé y prediqué en cultos, iglesias y en la radio. Conocí la Teología Cristiana. Pasé, incluso, a ser parte de movimientos Pentecostales y luego Bautistas. Hice amigos Adventistas, Testigos de Jehová. Con todos, tuve la oportunidad de compartir, estudiar y buscar conectarme con ese Dios. Pero... durante todo ese tiempo comprendí que la realidad existencial de ese ser era mucho más amplia y que las religiones la limitaban a un Dios lejano que se encontraba en el cielo. Me di cuenta que del Dios que se predicaba era uno, que se amoldaba a cada creencia particular dependiendo del concilio o denominación. Durante este proceso de inmersión religiosa, me percaté de que la esencia de un Ser Supremo y de una Inteligencia infinita, universal y cósmica que me presentaban se limitaba a simples ideas que en vez de conectarte con el Creador, te desconectaban. Lo primero que hacían los líderes religiosos era separarte de ti mismo y de tu verdadera naturaleza divina fragmentándote y llevándote a rechazar tu propia esencia, supuestamente pecaminosa, con el fin de acercarte más a Dios. Este fenómeno con el que me encontré se daba, y se da, en casi todas las religiones y es gran parte del problema que estaré presentando a través de este libro.

CAPÍTULO II
Religiones y doctrinas disparatadas

En el momento en que se escribe este libro, la Organización de las Naciones Unidas tiene 30,000 denominaciones cristianas reconocidas. ¡Qué chiste de mal gusto es ése de llamarse Pueblo de Dios, si tienen 30,000 visiones diferentes y todo dentro de una sola religión! Y por si fuera poco, usan los púlpitos y estrados para lanzarse lodo los unos a los otros, peleando por arrebatarse a los feligreses. Nunca se ponen de acuerdo y no les interesa, evidencia de la total incongruencia en los sistemas religiosos. El cristianismo –y todas sus 30,000 denominaciones, sin contar las sectas y cultos no reconocidos– es al día de hoy la religión con más seguidores en el mundo. El Cristianismo cuenta con unos 2,300 millones de miembros seguido por el Islam con 1,800 millones. Esto según los datos de www.adherents.com, un espacio cibernético que se dedica a recopilar data demográfica religiosa desde el 1998. Muchos creen que por llamarse cristianismo fue Jesús, el Cristo el que la creó. Pues nada más lejos de la realidad. El cristianismo es una de las religiones más nuevas, ya que solo cuenta con 1,684 o 1,700 años y se estableció como religión cuando uno de los políticos más sagaces de entonces, Constantino, creó el Concilio de Nicea en el año 325 d.C. instaurando el cristianismo como religión oficial con el fin de unificar la nación.

El cristianismo como lo conocemos, con todas sus vertientes teológicas debería llamarse Paulinismo. ¿Por qué? En primer lugar, Jesús nunca fue cristiano. Nació judío y murió judío. Sus enseñanzas se basaban en la Tora, en su propio conocimiento de lo que es el Ser Supremo y

Mi Dios no tiene religión

su interacción con todo y con todos. Como dato histórico, es importante mencionar que no fue hasta el año 80 D.C. y para el periodo en que se escribió el Libro de los Hechos de los Apóstoles que se comenzaron a llamar cristianos a los que se reunían en las casas y que constituían lo que se conoce como la Iglesia primitiva. Lamentablemente se ha creado una religión usando el nombre y la imagen de alguien que nunca quiso crear una monstruosidad como ésta.

Aún dentro de los evangelios sinópticos, entiéndase los de Mateo, Marcos y Lucas, podemos encontrar algunas enseñanzas de El Gran Maestro que realmente distan mucho de las interpretaciones que Saulo o Pablo nos presentan en sus Epístolas, de acuerdo a su visión totalmente helenística y mística. Esa visión fue la que, eventualmente, contribuyó a crear la religión Cristiana que nada tiene que ver con el Jesús histórico... A ese Jesús histórico –a quien su mensaje antirreligioso le costara la vida y el cual mencionan Josefo y Luciano en los recuentos históricos de sus épocas– lo considero el Maestro más iluminado de todos los tiempos. A él es a quien estaré citando para zarandear un poco a los buscadores espirituales y para tratar de despertar a los seguidores atontados por la morfina religiosa.

La religión, cosa de ciegos

"Dejadlos; son ciegos guías de ciegos y si el ciego guiare al ciego, ambos caerán en el hoyo." (Mateo 15:14). Este mismo dicho, curiosamente, se encuentra en los Upanishads escritos 800 años antes de Cristo. Tal cosa no es de extrañar ya que los avatares y maestros siempre han existido y el mensaje tiene el mismo fin, un llamado a regresar a casa, a conectar con la matriz, con la fuente, con el Ser.

Un ciego guiado por un ciego jamás podrá llegar a ningún sitio. Así que tenemos que ver en qué consiste la ceguera espiritual para poder combatirla. Ésta se da más en el entorno religioso que en el entorno científico. El científico está abierto a dudar, a buscar, a conocer, a ponderar ideas; no así el religioso. Veamos la simbología de la ceguera en la religión.

La ceguera espiritual es el producto de ideas y conceptos impuestos que, como polvo o basura, van nublando la vista y no te permiten ver la realidad detrás de eso. Mientras más capas, velos y obstáculos entre tú y el objetivo –en este caso la divinidad– menos podrás enfocarte.

La misión del Maestro Jesús era "dar vista" a los ciegos espirituales e incluso se la dio a uno que padecía ceguera física. El caso del ciego que sanó el Maestro Jesús y del que habla Juan 9:1-34 es una clara manera de ver y entender la magnitud de la ceguera espiritual. El ciego espiritual, en este caso el Religioso, se considera el único justo. Es el único que está "bien" de acuerdo a "sus" conceptos divinos. Todos los demás están mal ya que no siguen sus preceptos e ideas.

Luego de Jesús haber dado vista al ciego, los religiosos condenaban la acción y trataban de restarle méritos a la sanación divina, alegando que lo que él había hecho no podía venir de Dios y que, por lo tanto, Jesús tenía que ser un hombre malo y pecador. ¿Por qué? Porque no guardaba el día de reposo (Juan 9:16). El dogma los cegaba, los rituales los cegaban, las ideas de lo que creen debe ser la búsqueda divina y la relación con Dios los cegaban. Juzgaban y condenaban, aun aquello que era beneficioso para alguien, si no se ajustaba a sus preceptos e ideas.

La ceguera espiritual resta a nuestra capacidad de pensar críticamente. Muchos dicen que creen por fe, pero su fe es verdaderamente débil. Cuando se topan con hechos y argumentos indubitables y que contradicen las escrituras, no saben si creen una cosa o la otra y optan por salirse del debate o los hechos, pues no hay argumentos para respaldar su errática "verdad".

Mi Dios no tiene religión

En los versículos 11-19 de Juan 9, constatamos lo dicho aquí.

"(11) Respondió él y dijo: Aquel hombre que se llama Jesús hizo lodo, me untó los ojos, y me dijo: Ve al Siloé, y lávate; y fui, y me lavé, y recibí la vista. (12) Entonces le dijeron: ¿Dónde está él? El dijo: No sé. (13) Llevaron ante los fariseos al que había sido ciego. (14) Y era día de reposo cuando Jesús había hecho el lodo, y le había abierto los ojos. (15) Volvieron, pues, a preguntarle también los fariseos cómo había recibido la vista. El les dijo: Me puso lodo sobre los ojos, y me lavé, y veo. (16) Entonces algunos de los fariseos decían: Ese hombre no procede de Dios, porque no guarda el día de reposo. Otros decían: ¿Cómo puede un hombre pecador hacer estas señales? Y había disensión entre ellos. (17) Entonces volvieron a decirle al ciego: ¿Qué dices tú del que te abrió los ojos? Y él dijo: Que es profeta. (18) Pero los judíos no creían que él había sido ciego, y que había recibido la vista, hasta que llamaron a los padres del que había recibido la vista, (19) y les preguntaron, diciendo: ¿Es éste vuestro hijo, el que vosotros decís que nació ciego? ¿Cómo, pues, ve ahora?"

La ceguera espiritual se reviste de orgullo en la historia que leemos en Juan. Vemos cómo la soberbia llevó a los religiosos a expulsar de su religión al ciego por el mero hecho de que entendía que su sanidad era divina, (Juan 9:28-34).

"(28) Y le injuriaron, y dijeron: Tú eres su discípulo; pero nosotros, discípulos de Moisés somos. (29) Nosotros sabemos que Dios ha hablado a Moisés; pero respecto a ése, no sabemos de dónde sea. (30) Respondió el hombre, y les dijo: Pues esto es lo maravilloso, que vosotros no sepáis de dónde sea, y a mí me abrió los ojos. (31) Y sabemos que Dios no oye a los pecadores; pero si alguno es temeroso de Dios, y hace su voluntad, a ése oye. (32) Desde el principio no se ha oído decir que alguno abriese los ojos a uno que nació ciego. (33) Si éste no viniera de Dios, nada podría hacer. (34) Respondieron y le dijeron: Tú naciste del todo en pecado, ¿y

nos enseñas a nosotros? Y le expulsaron."
En una ocasión, me encontraba conversando varios temas teológicos y dogmáticos con un amigo que pertenecía a una iglesia de denominación Pentecostal. Hablamos sobre las comidas y bebidas que los pentecostales condenan. Hablamos sobre sexualidad, vestuarios, la pena de muerte y cosas que no te "salvan ni condenan", pero que las denominaciones cristianas radicales las hacen ver como pecado. Luego de tocar varios temas y traer luz sobre cada uno, este amigo hizo la siguiente observación: "tienes razón en lo que dices, pero... yo prefiero quedarme con mi error, yo prefiero quedarme con lo que se me enseñó aunque no lo crea.". ¡Wow! Imagina mi sorpresa teniendo en cuenta que quien me lo estaba diciendo, más que un amigo, era uno de los maestros de la escuela dominical de una iglesia cercana a la residencia donde vivía yo en ese momento. ¿Con qué moral, con qué convicción puede uno enseñar cosas en las cuales uno no cree? Preceptos que se reconocen erróneos y, aun así, ser capaz de enseñarlos como ciertos. Eso se llama orgullo. Soberbia al no querer aceptar públicamente que durante tantos años se estuvo enseñando algo falso, irreal, carente de espiritualidad, y a su vez, disfrazado de ella. Aquel que tiene en sus manos la encomienda de enseñar algo de índole espiritual o no y las enseña, aún considerándolas erradas y sin creerlas, es como el que pretende realizar una intervención quirúrgica sin haber estudiado medicina y sin ser cirujano; ambas "malas prácticas" te pueden matar por así describir el acto de dañar tu verdadera naturaleza al alejarte de la fuente divina o Dios como le quieras tú llamar.

Tengo una historia de mis comienzos en la búsqueda espiritual jocosa y triste a la misma vez. Cuando la cuento hago referencia a lo que llamo el síndrome del elefante. Luego de mi encuentro con lo que a todas luces parecía ser lo Divino, me dediqué a la tarea de conocer más sobre esa Consciencia Universal que le llaman Dios. Comencé a

Mi Dios no tiene religión

asistir a un Instituto Bíblico de una iglesia Pentecostal, cerca de mi casa; compré una Biblia de estudios y varios comentarios exegéticos, varios diccionarios en griego y arameo y me dediqué a estudiar. Para este mismo tiempo, me encontraba desarrollando mi negocio en la industria del vidrio; y los clientes nuevos, las compras, promociones y supervisión de los empleados, me consumían mucho tiempo. Pero... no dejaba de asistir a mis clases de Instituto Bíblico y de estudiar todo lo referente a Dios, Jesús, la Biblia, etc.

Una noche antes de ir al Instituto, no me dio tiempo a rasurarme, llevaba una barba de dos días. Para no verme tan descuidado decidí acicalarme un poco pasando la navaja por el cuello solamente y dejando la sombra de la barba de la forma más nítida y limpia posible. Llegué antes que el profesor, Renato Soto o hermano Tato, como le decíamos de cariño. La hermana Hilda, una joven que también estaba estudiando, me comentó "Hermano, ¿y esa barba, qué es eso, usted no está dando testimonio?". En muchas iglesias y sectas de corte Pentecostal a los varones se les prohíbe usar barba; el porqué nadie me lo ha podido explicar. La hermana Hilda quedó afectada al escuchar mi respuesta: "¿Qué? ¿No le gusta? ¿Acaso no se le parece a la barba que tenía Jesús?".

La impresión que le causó reconocer que Jesús tenía barba –como todo hombre judío de su tiempo– y que ahora te la prohíben en la iglesia, provocó que la hermana Hilda recibiera al hermano Tato, tan pronto éste llegó al salón de clases, con la siguiente pregunta: "Hermano Tato, ¿verdad que la barba es un pecado?" Ciertamente la pregunta estaba mal formulada, la barba no estaba tipificada como un pecado o delito en ningún lado en las Escrituras, pero el hecho de que por años los pentecostales la prohibieran a sus miembros llevó a muchos a pensar que sí era pecaminoso sin siquiera preguntar por qué, y dónde y quién lo dice. Así, el Hermano Tato, un buen hombre, temeroso de las cosas divinas y espirituales cayó en una trampa sin saberlo. "Pues sí, la barba no se puede permitir" fue su contestación. El siguiente dialogo fluyó así:

–Pero entonces... si es pecado ¿dónde lo dice la Biblia? –Pregunté.
–Yo no sé dónde lo dice, pero lo dice. –Me respondió.
¡Error! Todos los estudiantes comenzaron a buscar en los comentarios bíblicos y concordancias sin encontrar ninguna condena al respecto. Entonces, añadió, "Bueno eso es de revolucionarios y comunistas, no se puede usar."
Ahora metía a Fidel Castro y al Ché y a otros líderes y políticos en el asunto religioso. Sólo porque ellos eran barbados; y sin darse cuenta, su visión negativa del revolucionario arrastraba a Jesús, a Fidel y al Ché en un argumento sin fundamento.
Los estudiantes preguntaban por qué si Jesús tuvo barba, por qué ahora no se podía, y el profesor luchaba por mantener un control que ya había perdido por argumentar con algo que nada tiene que ver con la espiritualidad. Cansado ya de no llegar a ningún lado, y tratando de poner fin a esta dinámica, le planteé al Hermano Tato:
–Usted me está diciendo, hoy en clase, que Dios no es perfecto.
–Yo no he dicho eso. –Respondió.
–Sí, lo está haciendo. Si usted me dice que Dios es perfecto y que sabe todas las cosas, entonces Dios se equivocó cuando nos puso vellos en la cara a nosotros los hombres. Usted dice que es pecado y que tengo que afeitármela para estar bien con Dios. Si Dios me la puso y ahora me la tengo que quitar, erró y, por lo tanto, según usted, no es perfecto.
Aquel salón se conmocionó, la clase de esa noche se echó a perder, y el síndrome del elefante se dio de la si-

Mi Dios no tiene religión

guiente manera:

Cuando el elefante de un circo es bebé, se le coloca una argolla atada a una cadena que a su vez tiene una estaca que se clava fuertemente a la tierra. El pequeño elefante trata de zafarse y al no poder lograrlo, finalmente, deja de luchar. Crece, adquiere fuerza como ningún otro mamífero. Con un simple tirón puede liberarse, pero... la programación mental que tiene, su recuerdo, es que no puede zafarse, así que aunque tiene grandes capacidades se queda quieto, controlado por algo insignificante para su tamaño y fuerza. Así pasó con mi profesor Tato, un buen ser humano adiestrado a repetir lo que se le dijo y lo enseñó sin cuestionar porque a Dios "no se le cuestiona". El Hermano Tato pudo haber sido un mejor maestro, aún dentro de este sistema religioso que critico y que considero dañino y perjudicial. Pudo haber traído cierta luz aunque se la apagaran las interpretaciones forzadas y fuera de contexto que los pentecostales utilizan. Pero nunca tuvo el valor de tirar de la argolla que lo mantenía inmóvil.

El síndrome del elefante y la ceguera espiritual, ambos, limitan tu capacidad de movimiento en la búsqueda de la verdad. Algunos entienden que hay algo mucho más grande, mucho más abarcador y profundo que nuestra realidad palpable, pero muchos no se dan cuenta hasta que son confrontados. Por eso las Iglesias o Sinagogas no les permiten comulgar con personas que no sean de su misma religión o credo. Los separan entre píos –o sea ellos– y los impíos los que no muestran respeto por la religión porque según su criterio no buscan ni le temen a Dios –o sea, yo y, tal vez, tú que lees. Infieles y fieles, buenos y malos, y se les impide ir a otras iglesias donde no se practique la "sana doctrina", según los críticos de esa congregación.

Quiero citar a Jesús "El Cristo" nuevamente cuando señala que la religión es cosa de ciegos en Mateo 15:14. "Dejadlos son ciegos, guías de ciegos, ambos caerán en el hoyo". Y es ahí donde hemos caído, en un hoyo lejos de nuestra esencia. Es un hoyo lleno de divisiones, contiendas, pleitos y guerras que promueve la creación de ideas religiosas más alocadas. Es un círculo vicioso que hay que eliminar.

En resumen, el ciego espiritual no sale de lo conocido por temor a chocar con la luz. Su orgullo y el temor que tiene a sus líderes le inmovilizan. Prefiere continuar con el mensaje limitante, separatista, totalitarista, exclusivista y seguir en el error como el de mi amigo quien –luego de nuestra conversación de aquel día– me evita aún hasta el día de hoy, luego de tantos años.

    Al igual que al ciego que ya no fue ciego por la intervención de Jesús, yo también fui expulsado de la iglesia en la que me encontraba, aunque no lo hicieron de manera pública. Uno de los líderes me llamó un día aparte y me dijo: "sabes, debes buscarte otra iglesia donde puedas hacer y decir lo que quieras, pero aquí no". Yo lo único que quería era conocer al Ser Supremo, conectarme con la Fuente, recibir iluminación, entender el funcionamiento de la creación. En fin, agradecí la estadía. Me sirvió de algo y aquí la estoy compartiendo. Miro atrás y también me río, me lo disfruté y tal vez tú también has pasado algo similar, tal vez conoces a alguien que ya vivió esto. Pues agradezcamos hoy esa oportunidad de poder seguir la marcha llevando con nosotros esa experiencia hacia nuestro crecimiento espiritual.

La religión, el grave problema social

    No hay que ser un erudito, sabio, genio, o súper dotado para apreciar que la religión es motivo de discordia. Todavía en sitios públicos o semipúblicos se pueden leer rótulos prohibiendo hablar de religión y/o política. Cuando se comienza a hablar de religión, comienza el juicio, la discordia y separación y hasta peleas y/o guerras.

Mi Dios no tiene religión

Es extraño que algo que se dice te lleva a Dios cause tanta discordia y no fomente la unión entre nosotros que somos lo más cercano que conocemos a Dios. El problema con la religión es que te ciega y al estar ciego te dejas guiar por señales. Las señales y las directrices, inducidas por el Concilio –una asamblea de líderes que deliberan y acuerdan cómo se va a decidir sobre doctrinas y dogmas, disciplinas y administración de las iglesias e interpretación de las Escrituras–, te las da la Iglesia. Los dogmas son proposiciones que se dan como ciertas, firmes, incuestionables y verídicas. Un dogma es, no se puede debatir, y lo contrario es herejía. La doctrina es un sistema estructurado de creencias llevadas a la práctica, a su vez, está supeditado a agendas mayores de círculos de poder más pequeños. En otras palabras, la religión es también un mecanismo de poder basado en el control para perpetuar un sistema social que beneficia a unos pocos, pero... poderosos imperios familiares y sus asociados.

Veamos la historia. Los mayas tenían su religión, los incas tenían su religión, los aztecas la suya y, así, sucesivamente. Civilizaciones enteras con sus respectivas religiones. Nace otra, llamada cristianismo y, ¡PUM!, erradica a los considerados paganos y sus cultos y, finalmente, envía al clandestinaje a los que quedaron. Aniquilaron a los indios y a toda civilización y/o tribu con sus colonizaciones y cruzadas. ¡Pum! ¡Pum!!Pum!, quema de brujas, cruzadas, guerra contra los cátaros.

Los grupos musulmanes extremistas contrario a la paz que su religión debe profesar están matando cristianos, hindis, budistas. Se estima que han matado cientos de millones alrededor del mundo. ¡Guerra por Tierra Santa! ¡Qué ridiculez! Tierra Santa es el nombre que se le da al área geográfica donde se suscitaron hechos históricos, importantes y sacros para las religiones judías, cristianas e islámicas. La palabra Santo, significa separado para el servicio divino.

Pero la Tierra Santa es tan santa que ni aún Dios ha podido intervenir para que se dejen de matar por ella, pero la fe ciega y la interpretación de "lo que Dios ha dicho o quiere" ha perpetuado la santa guerra. La religión como aparato de control, como empresa y estilo de vida se mantiene operando basada y sostenida por las dos muletas que acabo de mencionar, la fe y las interpretaciones escriturales.

La fe es vista como la certeza de lo que se espera… veré a Dios, a Cristo, a Alá; iré al Paraíso, al Cielo; seré Rey, viviré por siempre. La fe es la convicción de lo que no se ve… estoy convencido de que Dios me dijo que había que matar a los impíos, estoy convencido de que somos los buenos y los otros son los malos. Si todos los religiosos están convencidos de que su religión es la correcta, de que su Dios es verdadero y de que les habla a través de sus profetas, líderes y/o libros sagrados y todo lo creen por fe, entonces con qué derecho un religioso crítica al otro que también cree por fe.

La fe, como hemos visto de manera rápida, es una causal de división entre los pueblos religiosos. La fe religiosa es un problema social capaz de llevar su creencia a niveles de trastornos y de ideas cargadas de odio y de rencor de niveles insospechados. La historia está ahí, con sus muertos para contarnos.

Tomemos, pues, un solo libro "sagrado" por el momento: *La Biblia*. Es el libro sagrado y manual que utilizan los que practican la religión cristiana. Religión que cuenta con unas 30,000 denominaciones reconocidas, lo que demuestra que no hay mucha unidad en lo que se cree. Es por eso que digo que la interpretación de las Escrituras como manera de conocer a Dios, o mejor dicho, como un principio o guía para llegar a Dios, no sirve. Si sirviera no habría 30,000 denominaciones cristianas "reconocidas", sin contar cultos y/o sectas más pequeñas. La interpretación filtra, a través de experiencias personales, el ego, el adoctrinamiento, las ideas o conceptos adoptados como ciertos, y la agenda de cada concilio y/o denominación religiosa. Por lo tanto toda interpretación es subjetiva y no puede expresar una verdad total.

No quiero decir con esto que los libros "sagrados" no aportan a nuestro crecimiento personal; creo que sí hay una aportación. Hay cosas en blanco y negro dentro de las escrituras sagradas que presentan principios universales y leyes cósmicas, que están presentes en casi todos los libros "sagrados", tales como el Bhagavad Gita, el Tao de Chin, y los Vedas, por mencionar algunos. Existen denominadores comunes. El problema es que a la hora de analizar algún escrito que presente argumentos interpretativos debido a todo lo que puede implicar el asunto, tenemos que:

1. Tratar de desprendernos de todo lo conocido.

2. Estar abiertos a cualquier otra fuente de información que aparezca y que pueda dar otra idea de por qué, cuándo y bajo qué circunstancias el escritor fue motivado o inspirado a escribir.

3. No perder de perspectiva que el lenguaje en el que se escribió y en el cual yo estoy interpretando, no son los mismos. Las palabras en el original tienen significados y raíces etimológicas distintas al lenguaje que utilizamos.

4. El lenguaje, tanto del escritor como el mío propio, son herramientas muy pequeñas para abarcar algo tan grande como lo es el espíritu de Dios. Nuestro lenguaje se queda corto a la hora de explicar lo inexplicable. Cómo le puedes describir a un ciego algo que él nunca ha visto, ¡no puedes!, el lenguaje no sirve. Lo mismo pasa con nosotros, nuestros lenguajes son muy reducidos para expresar verdades no vistas por nosotros. Debo corregir y decir no vistas por nosotros hasta donde podemos recordar, pues si no podemos recordar eventos casuales de la semana pasada, tampoco podremos recordar los momentos en que éramos uno con el Ser Supremo o la Matriz. Por eso digo verdades no vistas por nosotros ya que las encarnaciones y sus apegos nos han hecho olvidar.

La experiencia personal

Debe ser la experiencia personal del buscador espiritual la que siente las bases para definir cómo el individuo debe relacionarse con la intimidad del Ser Supremo. Claro está, reconociendo que nuestra experiencia vivencial con lo Divino nunca será la misma para todos, reconociendo que nunca será igual aún para nosotros mismos, pues la experiencia cambia mientras madura la relación.

Nuestra relación con nuestros semejantes, padres, madres, hijos y hermanos es cambiante. En la adultez, no nos relacionamos igual que cuando éramos niños. La madurez nos permite entender nuestras diferencias y nos brinda otra perspectiva. Con la llegada de los años y la vejez, podremos ver la valía de las relaciones de otra manera. Pasa lo mismo con el ser Divino. Nuestra comunicación, entendimiento y disfrute de esa relación depende de nuestro nivel evolutivo y de nuestro crecimiento basado en nuestras experiencias.

Para que las experiencias pasadas sean beneficiosas y aporten a la búsqueda espiritual y a la conexión con lo Divino, deben ser filtradas cuidadosamente y puestas en

Mi Dios no tiene religión

tela de juicio, y si es necesario, echarlas todas a un lado y empezar desde cero. Jesús le dijo a Nicodemo que era necesario nacer de nuevo (Juan 3:3). Nicodemo aún siendo maestro en Israel no entendió.

Jesús buscó un niño y lo puso en medio de sus discípulos y les dijo: (Mateo, 18:3) "De cierto os digo, que si no os volvéis y os hacéis como niños no entraréis al reino de los cielos. (18:4) Así que cualquiera que se humille como este niño, ése es el más grande en el reino de los cielos."

Ser niño, nacer de nuevo, implica estar sin ideas preconcebidas. El niño vive, observa, disfruta, no critica, es compasivo, no juzga. En otras palabras, volverse niño de nuevo implica reconocer que lo que sabemos de nada sirve. Volver a ser niño conlleva desprenderse de todas las capas que se nos han impuesto, incluyendo la de los roles. Ser niño significa humildad y eso es algo que los líderes religiosos no conocen, pues de lo contrario habría unidad religiosa, y eso no es algo verás.

¿Eres tú maestro en Israel, y no lo sabes? (Juan 3:10) En su rol de maestro reconocido en Israel, Nicodemo tuvo que reconocer su capacidad de error en sus interpretaciones de la "ley" de Dios.

Hasta que no salgamos de los controles ejercidos por los pastores, ministros, curas, apóstoles modernos y otros líderes religiosos, nunca podrá haber verdadera liberación espiritual. De hecho la expresión atribuida a Jesús y que cito a continuación hace eco a lo que acabo de decir. (Mateo 23:27-28) "¡Ay de vosotros, escribas y fariseos, hipócritas! porque sois semejantes a sepulcros blanqueados, que por fuera, a la verdad, se muestran hermosos, mas por dentro están llenos de huesos de muertos y de toda inmundicia. Así también vosotros por fuera, a la verdad, os mostráis justos a los hombres, pero por dentro estáis llenos de hipocresía e iniquidad." Correcto. Jesús sabía que el buscador espiritual se acerca a la religión con la intención de encontrar ese lugar en su mente o su corazón donde puede sentir la conexión con la Conciencia Universal, que es Dios. Pero no lo dejan entrar, lo amarran con dogmas y cargas y/o interpretaciones exclusivistas, esclavistas, separatistas y totalitaristas. Jesús postuló en contra de las religiones y atacó abiertamente el sistema religioso nacionalista más grande y conocido en sus tiempos y uno de los más grandes en la historia, el judaísmo. De éste, surgen las otras dos religiones monoteístas: el cristianismo y el islamismo. Las tres son lo que se conoce como religiones Abrahámicas haciendo referencia a Abraham, considerado el precursor de la adoración a Yahvé o Jehová. La guerra abierta de Jesús al sistema religioso le costó la vida y paradójicamente, luego, se creó un sistema religioso en su honor, que exterminaría a millones de personas en su nombre. ¡Gran cosa esa del cristianismo!

Con razón dijo Mahatma Gandhi: "Me gusta Cristo, pero no me gustan los cristianos, éstos no se parecen en nada a Cristo". Voltaire, por su parte, fue más agresivo cuando dijo: "El cristianismo es la más ridícula, la más absurda y sangrienta religión que jamás haya infectado el mundo."

CAPÍTULO III
La revelación divina cerca de ti

Por qué complicarme la vida con las interpretaciones escriturales de aquel y del otro y de aquel otro cuando la revelación natural, lo que los científicos han llamado el argumento teleológico, no requiere discusión. La existencia del Ser Supremo y su inteligencia universal pueden ser vistas en los planetas, el universo, en nosotros. "Dios" en las plantas, Dios en el sistema inmunológico, en el ADN, en el espacio, en la materia. Como dijera Albert Einstein con relación a Dios: "el que diseñó esto jugando a los dados, no estaba". Cuando reconocemos que la Divinidad se encuentra en todo y en todos y que todo forma parte de la expresión Divina y de su manifestación vivencial y evolutiva, comenzamos a vivir según el orden natural que se ha perdido. En otras palabras, restablecemos el orden natural total y armonioso de la interconexión de todo lo que es vida. Ese proceso de conectar con todos los seres vivos de manera armoniosa es lo que los maestros han llamado el nuevo nacimiento, o el despertar del kundalini.

Claro… éste es un proceso largo y aún más largo para algunos; doloroso y aún más doloroso para algunos; placentero y aún más placentero para otros. La experiencia personal y única con el Ser, debe ser nuestra guía. El mapa de llegada a casa está impreso en cada uno y es nuestra obligación trazar el rumbo, identificar las posibles rutas, caminos y avenidas… y caminar.

Camino a casa

Camino a casa, a la conexión con el Ser, con la Matriz, nos hemos encontrado con varias organizaciones religiosas y sus vendedores: pastores, curas, sacerdotes, ministros, evangelistas, misioneros. Éstos han sido preparados para venderte una franquicia o para que les compres un producto. Y todos dicen que su producto es el mejor. Hay quienes compran la franquicia y establecen sus iglesias. Hay quienes solo compran el producto (mensaje) y sostienen la franquicia. Hay quienes van a este centro comercial a hacer "window shopping" o a ver los productos, pero no van a comprarlo. Hay quienes lo ven, lo prueban y pues, les gustó, se sentaron cómodos y se les enseñó y programó para serles fieles al producto.

Están los que probaron, no les gustó, no se dejaron convencer o los que, simplemente, la razón y el toque divino los movió a salir del mall, del "window shopping", y decidieron buscar el verdadero camino. El no depender de ninguna religión para comunicarnos con el Ser nos abre el paso a la súper conciencia. El camino sin religión es un camino libre. El mapa siempre ha estado impreso en nosotros, solo hay que alcanzarlo.

La deidad y tú, la deidad en ti

Si bien estamos trazando en este escrito la necesidad de eliminar los sistemas religiosos, es necesario recalcar que no estamos negando la existencia del Ser Supremo. La manera en que el humano ha querido ver a Dios, es parte de este problema divisionista que ha fragmentado al individuo. A través de la historia hemos creado antropomorfismos, que han hecho a dioses a nuestra semejanza y de acuerdo a lo que nos ha convenido en determinado momento histórico. En otras palabras, si nuestra verdadera naturaleza, lo que realmente somos, si nuestra semejanza surge de un ser divino, nuestra visión de Dios debería ser divina. Pero el resultado ha sido otro.

Las culturas han creado ideas de dioses con todas las características que hemos añadido a nuestro auténtico ser con el fin de perpetuarse con sus prácticas y agendas del momento. Por ejemplo, hemos creado dioses celosos, dioses guerreros, dioses castigadores, dioses que requieren derramamiento de sangre, dioses conquistadores y acumuladores de riquezas, dioses o semidioses que nacen de vírgenes y que nosotros mismos los matamos, y por último, dioses que son amor, pero que son exclusivistas y envían enfermedades y terremotos para matar a los "malos", "pecadores" mundanos o del Diablo.

El mismo Jesús, a quien considero el maestro y avatar más grande que haya tenido la historia humana, ha sido sacado de contexto con el fin de seguir perpetuando ideas y mitos de semidioses. Viniendo de un trasfondo religioso cristiano, podría decir que la teología cristiana ha perpetuado aquello que condena.

Apolo, Hércules, Mitra, Horus, Quetzalcóatl, Hermes, Tamuz, Krishna, la lista de dioses y semidioses es mucho más larga, pero solo hago referencia a algunos para exponer mi punto de vista. Todos los anteriores caracteres mitológicos, muchos llegados al mundo a través de nacimientos "virginales", dieron paso a la fabulosa idea de hacer de Jesús un dios, cuando éste a través de sus enseñanzas nunca se autodenominó como tal, sino que expresó su y nuestra verdadera identidad y la relación de ambos con la deidad. Estos nacimientos virginales garantizaban que ciertos individuos, como reyes, faraones y emperadores, fueran tomados como semidioses, dándoles poderes excepcionales sobre cualquier toma decisional, incluyendo vida y muerte, bendición y/o maldición de personas y pueblos. Mucho se podría abundar sobre cómo los mitos antiguos y la

Mi Dios no tiene religión

condición político económica en los tiempos de Constantino, el Concilio de Nicea y, más tarde, el Concilio de Éfeso fueron factores determinantes para la futura deificación de Jesús. Pero eso nos movería fuera de la línea de pensamiento que nos interesa.

Retomando a Jesús, Juan capítulo 14: 8-10:

(8) Felipe le dijo: "Señor muéstranos al Padre y nos basta." (9) Jesús le dijo: ¿Tanto tiempo hace que estoy con ustedes y no me habéis conocido, Felipe? El que me ha visto a mí, ha visto al Padre. ¿Cómo pues dices tú, muéstranos al Padre? (10) ¿No crees que yo soy en el Padre y el Padre en mí? Las palabras que yo hablo no las hablo por mi propia cuenta, sino que el Padre que mora en mí, él hace las obras.

Jesús nunca dijo "yo soy Dios". Al contrario, fue claro al decir que él solo servía de instrumento ya que las cosas que hacía no eran suyas propias, sino eran las obras de esa fuerza vital, la que él llamaba "Padre". Cuando menciona "si me habéis visto a mí, has visto al Padre", lo mismo puede aplicarse a ti, a mí y a todo ser humano, ya que todos somos chispas divinas, fragmentos de la deidad, en esta existencia terrenal.

Citamos: Juan 10:34-36 :

"(34) ¿No está escrito en vuestra ley: Yo dije, dioses sois? (35) Si llamó dioses a quienes vino la palabra de Dios (y la Escritura no puede ser quebrantada), (36) ¿al que el Padre santificó y envió al mundo, vosotros decís: Tú blasfemas porque dije: Hijo de Dios Soy?"

Antes de proseguir con este pensamiento, quiero enfatizar que la palabra "santificó" nada tiene que ver con preceptos morales, como las religiones lo han querido presentar. Esta tiene como significado "separación para un trabajo específico de índole espiritual".

Jesús nunca se autodenominó Dios, sino por el contrario, éste trajo luz sobre la naturaleza humana citando escrituras antiguas ya que lo mencionado anteriormente surge del Salmo 82:6 en el que se nos llama dioses. Jesús enseño a sus discípulos a aborrecer la institución religiosa. La criticó, la cuestionó y la desenmascaró. Tildó a la institución religiosa y la comparó con un sepulcro blanqueado. (Mateo 23: 27-28) Jesús presentó el mensaje inmerso en la gran mayoría de las ideas espiritualistas y es que la deidad es una, pero está presente en ti, en mí y en todo. Nuestra capacidad para amar, para sanar, evolucionar, y volver a la fuente es real. Siempre y cuando salgamos del entretenimiento religioso y nos movamos hacia la verdad.

"Y conoceréis la verdad, y la verdad os hará libres". (Juan 8:32) En la búsqueda de esta verdad, se han creado diversas ideas filosóficas y distintas vertientes teológicas. Pero la teología como el conocimiento de Dios ha fracasado, ya que la diversidad de ideas con relación a Dios son tantas para un Dios que es solo uno, y lo que esto ha traído es más confusión y nos ha alejado del propósito principal, que fue establecer una relación con lo Divino. Siglos de historia, descubrimientos científicos, avances tecnológicos sin precedentes, la facilidad de llevar y compartir información hace al mundo en el que vivimos, uno cada vez más pequeño. Pero no ha habido ningún avance a nivel de raza y me refiero a la raza humana en su manera de acercarse y conocer a Dios. Las diversas religiones y visiones teológicas no han sufrido cambios significativos aún cuando éstas también pueden estar influenciadas por estos cambios.

Seguimos viendo cambios en todo, pero no vemos transformación a nivel espíritu –consciente. Seguimos dando vueltas en círculos y no vemos ningún despegar hacia una visión abarcadora que nos unifique como raza y que nos lleve a conectar con la Matriz. Las interpretaciones teológicas se fueron a buscar fuera los tesoros que tenemos aquí.

Mi Dios no tiene religión

El conocimiento del Yo debe ser el primer paso para el verdadero conocimiento del Ser. Conociéndote a ti te das cuenta de la interacción con todo y ves con claridad la inteligencia universal actuando, creando, sosteniendo, evolucionando.

No es hasta que tenemos certeza de lo que somos que podemos entender lo que el otro es, y lo que el mundo es. Pero, conocerme requiere valor, desprendimiento y disciplina. Conocerte requiere tener tiempo a solas contigo, desconectarte del Internet, del radio, de la televisión, del celular, la revista y de hasta este libro que estás leyendo.

Sentirte a ti mismo. ¿Te has sentido a ti mismo? ¿Has separado tu ser del proceso cognoscitivo? ¿Puedes tú ver el proceso del pensamiento como lo que es, y te reconoces como algo distinto a eso? ¿Puedes separarte del rol y darte cuenta de que no eres un maestro sino que te desempeñas como tal? No eres un médico, sino que ayudas a las personas desde esa posición. No eres un padre, ese es el rol social que tienes con un ser que le facilitaste su entrada a este mundo. El ser humano no es un montón de pensamientos diversos constantes y cambiantes. El ser humano no es el rol social que desempeña. El ser humano no es ni tan siquiera el cuerpo físico que le facilita la movilidad en este plano existencial de formas y espacios. El ser humano es la extensión de la deidad experimentando una gama de sucesos que le lleva a evolucionar. Es cuando reconocemos lo que realmente somos, que podemos ver cuán conectados estamos con el ser supremo. Somos la manifestación de la energía divina encarnada. Es cuando podemos entender esa verdad que el amor por el otro ser se manifiesta. Es entonces que nos podemos ver como iguales y entender que lo que afecta a uno afecta al otro.

Es cuando nos conocemos que podemos ver que la

presencia divina es inmanente y transciende en todo lo creado manteniendo una unión perfecta, inclusión, no separación, comprensión, y no juicio. "Y en esto reconoceréis que sois mis discípulos. En que os amaréis los unos a los otros." De hecho, la clave para entender este concepto de Dios fue resumido por Jesús cuando dijo que la directriz o la práctica a seguir para una eficaz vida espiritual, era la siguiente: "Amarás a Dios sobre todas las cosas y a tu prójimo como a ti mismo". Aquí va encerrado un proceso largo, interesante y abarcador, cuya secuencia es de atrás hacia adelante. Lo primero es que debo amarme. Pero para poder amarme, debo desprenderme de mis roles para saber lo que realmente soy. Me reconozco y acepto que muchas de las ideas que tengo sobre mí mismo son impuestas, que estoy atrapado en el rol, que mi ego me quiere convencer de que mis creencias religiosas son ciertas aunque en lo más profundo de mi ser sé que puedo estar totalmente errado. Entonces, en segundo lugar debo reconocerme en el otro. ¿Reconozco en el prójimo una manifestación de Dios? ¿Reconozco que como una manifestación divina mi prójimo debe ser respetado y cuidado de la misma manera que lo hago conmigo? ¿Que su vida debe ser respetada y que ninguna estructura debe atentar contra su vida e integridad, y mucho menos las estructuras religiosas con guerras fanáticas y sus mensajes separatistas? Puedo reconocer que el sostenimiento de las estructuras religiosas conlleva dejar de cuidar del prójimo, que con lo que se gasta en mantener mega iglesias se podría evitar la muerte por hambre de más de 14,000 niños cada día, o sea 10 niños cada minuto según los datos de la FAO (Food and Agriculture Organization, agencia de la ONU que trabaja con alimento y agricultura).

    Conocerme, entender lo que soy y lo que somos, me lleva pues a poder adentrarme en el conocimiento de Dios. No puedes comenzar un viaje si no sabes dónde estás.

Mi Dios no tiene religión

No puedes trazar un rumbo sin conocer tu posición, pero, una vez sabido esto podrás emprender la marcha. En este caminar nuestro, nos podemos encontrar con religiones no teístas, como el budismo, que no integra el estudio de Dios en sus enseñanzas espirituales porque alega que el mismo no se puede conocer. Ciertamente, desde el estudio pragmático no puede darse ese fenómeno. La deidad no puede ser llevada al laboratorio, encajonada y puesta en un microscopio para su estudio. Tampoco puede ser explicada si no ha sido vista. Volvemos a recalcar, ¿podemos describirle a un ciego el color rojo si nunca ha visto colores? Pues describir la deidad y su expansibilidad no podría ser posible porque lo estaríamos haciendo desde la experiencia humana y ésta está limitada al tiempo y al espacio y no así la Deidad. Sabemos, como ya hemos mencionado, que nuestro idioma es limitado. Las palabras no nos pueden llevar a entender la totalidad del Ser, ya que éstas fluyen de una herramienta llamada cerebro de la cual solo usamos un 5 %.

Pero, he aquí la dicotomía. ¿Cómo conocer aquello que no se trata de conocer? ¿No es porque hemos buscado que hemos conocido? Aún a sabiendas de que conocer la totalidad de Dios o el "Gran Misterio", no será posible en nuestra capacidad finita, ha sido a través de su estudio que hemos podido atisbarlo. Ha sido a través del estudio, la contemplación, meditación e infinidad de experiencias diversas, que hemos podido reconocer ese algo y nos hemos movido en su dirección. Moverse en la dirección no implica que necesites de guías, aunque los mismos nos han hecho ver muchas veces que la dirección que seguíamos estaba mal enfocada. Como también se ha dado el caso de poder comprender que la visión de ése que ha sido nuestro maestro también ha estado mal enfocada. Es necesario estar en un camino para reconocer el Camino.

El despertar espiritual es un gran desafío, ya que cuando participamos dentro de un sistema religioso o

"camino espiritual" nos sentimos parte de algo, nos sentimos escogidos, especiales y buenos. En el caso de aquellos que estuvimos expuestos a la luz pública, porque éramos maestros en las escuelas bíblicas de la iglesia y participábamos de programas radiales todas las semanas y enseñamos aquello que entendíamos tenía cierto grado de verdad, el reto es aún mayor. Admitir que lo enseñado no es correcto, aceptar que se enjuició a quienes no lo merecían por el mero hecho de diferir de nuestras creencias –quizás diferentes, sin lógica para algunos– requiere exponerse a la crítica. El despertar espiritual requiere ceder nuestra voluntad religiosa y decirle adiós a los que están en el camino, para moverme al "Camino".
Encontrarte a ti mismo es descubrir el camino. Has sido y eres; soy y somos parte del Ser. Somos la extensión de la deidad manifestada en un sistema de formas, por lo tanto, somos parte del camino, somos el camino, y caminamos hacia una meta dentro del camino.

Enredos en el camino

Cuando la religión te entretiene y amarra, dejas de caminar y si caminas, lo haces en círculos rumiando como las reses. La iglesia creó una teología para sustentar sus preceptos. Pero la teología ha dado lugar a otra religión o movimiento diferente a partir de su estudio teológico. Se sigue un círculo vicioso que causa división, aunque también se puede dar el fenómeno de la no división y sí de la inclusión, si es que el movimiento religioso ve la eficiencia de la integración y la ineficiencia de la lucha abierta.
Cuando la religión cristiana logra establecerse en el poder, lucha por erradicar los cultos que reconocían el lado femenino de la deidad. Al igual que su predecesor, el judaísmo, –ambas religiones patriarcales– se comprometió tanto en su afán de exterminar los cultos femeninos que

profesionalizó parte de sus miembros con el fin de tener grupos dedicados a perseguir y destruir cualquier culto que le restaba poder. Por otro lado y desde mucho antes, Jehová Dios de los Ejércitos, Yahweh Sabaoth, Dios guerrero –presentado por Moisés al pueblo de Israel– era un Dios inmisericorde, y sus profetas –Elías, por ejemplo– eran sumamente crueles y sanguinarios al extremo, según nos narra el Viejo Testamento, de llegar a degollar a cientos de profetas de otros dioses en un solo día.

Moisés instituyó su teología utilizando el terror. En Números 25:1-9 dice:

"(1) Moraba Israel en Sitim; y el pueblo empezó a fornicar con las hijas de Moab, (2) las cuales invitaban al pueblo a los sacrificios de sus dioses; y el pueblo comió, y se inclinó a sus dioses. (3) Así acudió el pueblo a Baal-peor; y el furor de Jehová se encendió contra Israel. (4) Y Jehová dijo a Moisés: Toma a todos los príncipes del pueblo, y ahórcalos ante Jehová delante del sol, y el ardor de la ira de Jehová se apartará de Israel. (5) Entonces Moisés dijo a los jueces de Israel: Matad cada uno a aquellos de los vuestros que se han juntado con Baal-peor. (6) Y he aquí un varón de los hijos de Israel vino y trajo una madianita a sus hermanos, a ojos de Moisés y de toda la congregación de los hijos de Israel, mientras lloraban ellos a la puerta del tabernáculo de reunión. (7) Y lo vio Finees hijo de Eleazar, hijo del sacerdote Aarón, y se levantó de en medio de la congregación, y tomó una lanza en su mano; (8) y fue tras el varón de Israel a la tienda, y los alanceó a ambos, al varón de Israel, y a la mujer por su vientre. Y cesó la mortandad de los hijos de Israel. (9) Y murieron de aquella mortandad veinticuatro mil."

En Levítico 26:14-28 encontramos nuevamente la teología basada en el terror. Veamos:

"(14) Pero si no me escuchan, si no cumplen todo eso. (15) Si desprecian mis normas y rechazan mis leyes, si no hacen caso de todos mis mandamientos y rompen mis alianzas, (16) entonces, miren lo que haré yo con ustedes.

Mandaré sobre ustedes el terror y la fiebre; sus ojos se debilitarán y su salud irá en desmedro. Ustedes sembrarán en vano la semilla pues se la comerán los enemigos. (17) Me volveré contra ustedes y serán derrotados ante el enemigo; ustedes no resistirán a sus adversarios y huirán sin que nadie los persiga. (18) Si ni aún así me obedecen, les devolveré siete veces más por sus pecados. (19) Quebrantaré su orgullosa fuerza, haré que el cielo sea de hierro para ustedes y la tierra de bronce. (20) Sus esfuerzos se perderán, su tierra no dará sus frutos, ni los árboles darán sus frutos. (21) Y si siguen enfrentándose conmigo, en vez de escucharme, les devolveré siete veces más por sus pecados. (22) Soltaré contra ustedes la fiera salvaje que les devorará sus hijos, exterminará los ganados, y los reducirá a unos pocos de modo que ya nadie ande por los caminos de su país. (23) Si aún con esto no cambian su actitud con respecto a mí y siguen desafiándome, (24) también yo me enfrentaré con ustedes y les devolveré yo mismo siete veces más por sus pecados; (25) traeré sobre ustedes la espada vengadora de mi alianza. Se refugiarán entonces en sus ciudades, pero yo enviaré la peste en medio de ustedes y serán entregados en las manos del enemigo. (26) Yo les quitaré el pan hasta el punto que diez mujeres cocerán todo el pan en un horno y se lo darán tan medido que no se podrán saciar. (27) Si con esto no me obedecen y siguen haciéndome la contra, yo me enfrentaré con ustedes con irá y les devolveré siete veces más por sus pecados. (28) Ustedes llegarán a comer de la carne de sus hijos y de sus hijas."

    Mucho teólogo cristiano argumentará que eso fue en el tiempo de la ley y que pertenece al Antiguo Testamento, pero es necesario indicar que las divisiones entre el Nuevo Testamento y el Antiguo son creaciones para establecer espacios y tiempos históricos a partir del nacimiento de Jesús. También es importante señalar que estos libros que acabamos de citar, son parte del canon cristiano y que el Antiguo Testamento es igualmente usado para llevar ser-

Mi Dios no tiene religión

mones desde los púlpitos y que muchas prácticas como el diezmar, son utilizadas de manera muy vehemente al día de hoy aunque éstas sean del Antiguo Testamento. Las prácticas del Antiguo Testamento prevalecen. Sin lugar a dudas, cuáles se aplican y cuáles no, parecen estar determinado por la manera en que éstas aportan control y dinero a la estructura religiosa en cuestión.

Más tarde, la iglesia católica, máximo exponente del cristianismo, instituyó la Santa Inquisición. La Inquisición había aparecido en el siglo XIII para perseguir a los herejes y aquellos que se opusieran a los deseos de expansión de la Iglesia. Pero, es entre el siglo XV y el XVII que el movimiento inquisitivo se convirtió en lo que hoy se conoce como "la casería de brujas". Es en este periodo cuando se desarrollan los manuales para profesionalizar el sagrado oficio. El *Malleus maleficarum*, "el martillo de las brujas" es uno de esos manuales. Los teólogos pasaron a ser juristas, creando e interpretando leyes que tenían el fin único y exclusivo de volver a ganar terreno que ya veían perdido. La Iglesia educó individuos para perseguir, juzgar, torturar, ahorcar o quemar vivas a todas aquellas personas que practicaban la "magia", que adoraban a deidades femeninas, o que supuestamente rendían culto al Diablo, que dicho sea de paso, también es una invención del cristianismo. Se estima que la Iglesia católica fue partícipe de la muerte de cientos de hombres y mujeres. Lo que hace esta historia interesante es que antes de la masacre antes citada, ya en la Edad Media, la Iglesia, que había sometido de manera cruel a los adoradores del lado femenino de la deidad, no pudieron contener el flujo natural de la energía divina y tuvieron que reestructurar su teología y doctrina patriarcal y aceptar la adoración a María. He aquí la inclusión y la no resistencia que mencioné anteriormente. La adoración a María es, aunque de manera equívoca, la adoración al aspecto femenino de la deidad. La Iglesia que tantas veces habría recurrido a la violencia y a la guerra combatiendo la adoración a la mujer, de manera muy hábil y mucho más eficiente, decidió reestructurar su teología y el Papa Pío XII, en 1954, corona a María como la Reina de los Cielos. Pero, fue, a mi parecer, el miedo a perder el control patriarcal lo que les llevó nuevamente a la utilización sistemática del terror, la tortura y el linchamiento. Se estima que en Alemania se llevaron a la hoguera entre 17,000 a 26,000 mujeres indefensas, ya que la ley que estableció la "santa" inquisición, les impedía defenderse en el juicio. Aunque muchos hombres fueron masacrados, un 90 por ciento de los enjuiciados fueron mujeres, especialmente aquellas que de alguna manera ejercían un servicio público, como curanderas, cocineras y comadronas. Es necesario recordar que ya el cristianismo llevaba institucionalizado cerca de 400 años y que el culto a María, ya había sido integrado al ritual eclesiástico. ¿Por qué entonces a finales de la Edad Media y principios de la era moderna se comenzó a perseguir salvajemente a las brujas? Las brujas no eran personas malas y feas, como las ha descrito la literatura universal, sino mujeres generadoras de un conocimiento específico. En el medievo, cuando predominaba un modelo social masculino, el saber de las brujas fue considerado amenazante, por lo que fue perseguido y destruido junto con ellas en las hogueras. Hay quienes han teorizado que la caza de brujas en el siglo XVI se debió a que un gran número de mujeres solas y sin esposos representaba un cambio social que gran parte de la población, incluyendo la Iglesia, no estaba dispuesta a aceptar. La Iglesia, entrando al siglo XVI, estaba perdiendo su posición como autoridad moral y política; se estaban produciendo numerosas reformas protestantes y el poder político cedía a manos del estado. El clero fue muy hábil y creó una histeria colectiva atribuyéndole poderes diabólicos y maldad a estas mujeres. Desde los principios el cristianismo y su predecesor el

Mi Dios no tiene religión

judaísmo ataron a Eva (la mujer) con Satanás, Lucifer o el Diablo como le quieran llamar. La religión cristiana ve a la mujer como un instrumento que el Diablo usa para poder controlar al hombre. La Iglesia gestó una histeria misógina que degeneró en un caos. El Diablo quería dañar al pueblo. Cualquier calamidad o accidente se le atribuía a las brujas y a su amante, el Diablo. Se sostenía que éstas estaban escondidas entre el pueblo, en las familias y hasta en la Iglesia. Había que buscarlas, perseguirlas y matarlas. Con la caza de brujas, la Iglesia volvía a ser necesitada, imprescindible, a estar en movimiento y a crecer, surgiendo como un súper héroe y estableciendo su autoridad nuevamente.

Cierro el capítulo con este dato curioso. El Papa Juan Pablo II pediría perdón a la humanidad por los métodos no evangélicos usados durante la quema de brujas.

CAPÍTULO IV
Las iglesias y el control: el sexo, el patriarcado y la maldad

El cristianismo ha creado la falsa idea de que la sexualidad es animal, no espiritual y un acto vergonzoso. El prejuicio existente contra la sexualidad los ha llevado a promover la práctica del celibato y la abstinencia sexual como método de purificación, control de la natalidad y transmisión de enfermedades sexuales. Pero cuando vamos a la historia, vemos cómo los postulantes de estas ideas practican los mismos actos que condenan. A modo de ejemplo, quiero presentar algunos de los escándalos sexuales más conocidos perpetrados por parte de aquellos detractores de la sexualidad.

Jimmy Swaggart fue un conocido predicador Pentecostal célebre por llenar estadios enteros, tener una congregación de seis mil feligreses y mover 142 millones de dólares al año. Fue uno de tantos líderes religiosos de doble vida. Este conocido predicador fue el que acusó a otro renombrado pastor, Jim Baker, de mantener relaciones extramaritales. Sin embargo, en el 1986, protagonizó un escándalo debido a que mantenía una relación con una prostituta, de nombre Debraa Murphree y, posteriormente, otro en 1991, en el estado de California con otra prostituta hispana de nombre Rosemary García, luego de haber pedido perdón públicamente por su primer acto de "inmoralidad". Eventualmente Swaggart dejó a su hijo a cargo del ministerio para según dijo "retirarse a buscar consejo espiritual".

El 11 de junio del 2010 el Papa Benedicto XVI pidió disculpas públicas a todas las víctimas de abuso sexual por parte de su cuerpo sacerdotal. Esta práctica por parte de los sacerdotes de la iglesia Católica, ha sido descubierta en

Mi Dios no tiene religión

un sinnúmero de diócesis siendo el caso de Brasil el más reconocido. Es importante mencionar que Brasil es el país con más católicos en el mundo. Mil setecientos sacerdotes fueron investigados y se encontró, entre otros hallazgos, hasta un manual de cómo conseguir víctimas y cómo abusarlas. El remedio propuesto por la iglesia católica para estos casos, fue el de "reeducarlos".

Swami Nithyananda, aunque no pertenece a la religión cristiana, es un individuo que creo necesario incluir en esta corta lista. Este gurú alegaba que podía enseñar secretos y técnicas para lograr la superconciencia, para reprogramar tu ADN y soltar la carga de vidas pasadas. En una visita a su página web, encontramos que éste alega tener cinco millones de discípulos y diez millones de seguidores. En marzo del 2010, este gurú, que era considerado un "semi Dios" por algunos, sorprendió a sus seguidores y al mundo, con un novedoso escándalo sexual. Nithyananda incluía el celibato como uno de los principios necesarios para alcanzar la iluminación, pero, resulta que este principio fundamental en su doctrina, no era practicado por él. De hecho, el gran secreto era que éste tenía una vida sexual activa y no con una, sino hasta con dos mujeres a la vez siendo una de ellas, una conocida actriz de nombre Ramjitha. Este escándalo fue revelado a través de videos publicados en la red, y muchos ya han sido retirados debido a que los derechos han sido reclamados por parte de Nithyananda.

No importa cuán religioso, santo o especial te sientas con relación a Dios, tu sexualidad es una parte integral de ti.

Negar nuestra sexualidad, o tratar de sacarla del panorama espiritual, es la negación de nuestra propia naturaleza divina. Considerar nuestra sexualidad como algo negativo e impuro es imputarle una equivocación a Dios. La sexualidad es natural, y por consiguiente, es divina.

En la antigüedad y hoy día en algunos movimientos esotéricos y filosóficos, la sexualidad es considerada sagrada. Desde mi punto de vista, aquel que no reconoce su sexualidad, la niega, o trata de reprimirla es una persona castrada espiritualmente.

La sexualidad te lleva a conocerte física, emocional, mental y espiritualmente. La represión sexual trae consigo violencia, enfermedades y otras tantas perversiones. Los principios termodinámicos aplican también a la energía sexual. La energía no puede ser destruida, sino que se transforma, y en el ser humano y sin nosotros saberlo, la energía sexual puede transformarse en nuestra propia maldición. Cuando el deseo sexual natural es reprimido, negado y, en el peor de los casos, demonizado, éste se mantiene en nuestros cuerpos creando tensión. Esta tensión alimenta fantasías en nuestro subconsciente que podrían emerger en impulsos degenerados y destructivos. La lucha entre lo que se me exige y el ser sexual que naturalmente soy trae sin lugar a dudas inestabilidad emocional. Debemos entender que la energía sexual es el ecualizador que nos desnuda más allá de lo físico. A través de ésta es que nuestro espíritu se comunica con el otro, dejando a un lado barreras y fronteras físicas. En otras palabras, el sexo es totalmente espiritual, pero, las parejas no lo saben, no han pasado del plano físico porque van al sexo con prejuicios y tabúes que nos inculcaron desde niños. "No te toques", "Con eso no se juega", se le dice al infante. "No te masturbes". "No te auto gratifiques". Las personas que siguen estas doctrinas al pie de la letra no conocen su cuerpo.

La inserción religiosa en las leyes es tan vieja como la historia misma. Los códigos de conducta o leyes tienen principios espirituales o de sentido común, pero, fue el crecimiento de las diferentes teologías lo que fue moldeando la mente de los individuos al extremo de crearse leyes que establecen la manera acertada de intimar con la pareja y

Mi Dios no tiene religión

que demandan las conductas "deseadas" por Dios en el acto sexual. ¿Crees que realmente Dios está interesado en limitar la exploración y el disfrute que puedas obtener solo con tu pareja, prohibiéndote ciertas prácticas de disfrute sexual y de descubrimiento personal? Tal vez Dios no está interesado en limitar este aspecto de tu vida, pero los líderes religiosos y sus teologías antinaturales sí lo están.

Recuerdo una situación en la que una joven de una iglesia bautista me había expresado su deseo de casarse. Llevaba varios años de noviazgo con su novio, era excelente estudiante universitaria y estaba bien integrada a los servicios religiosos de su iglesia. Luego de conversar sobre varios temas, me confesó de que la intención de casarse era para poder tener sexo legalmente. ¿Sexo legalmente? ¿Desde cuándo el acto sexual entre adultos con capacidad de consentir tiene que hacerse a través de un contrato legal? El contrato matrimonial, o sea, el aspecto legal del matrimonio se puede entender para los efectos de garantizar ciertos derechos en caso de muerte, enfermedad, divorcio, herencias, compra y venta de artículos y propiedades, pero con la intención de tener sexo, es algo ridículo. Para alguien a quien le han criado diciéndole que solo y únicamente mediante el matrimonio se puede sostener un acto sexual, podría ser comprensible. Pero, vemos jóvenes adultos con vidas sexuales activas, que no creen en estas boberías, creando estructuras sociales como el matrimonio, por el mero hecho de soslayar la presión socio-religiosa, podríamos entender entonces el porqué de la cantidad de divorcios que existen siendo ésta una de sus posibles razones.

El cuerpo de un joven adolescente pasa por un proceso normal de crecimiento que le indica que ya está apto para la vida sexual activa. Ya a la primera menstruación en la fémina y la capacidad para expulsar semen en el varón, la naturaleza los capacita para la actividad sexual. Estos cambios físicos vienen acompañados de la sensación del deseo sexual. Pero, en vez de explicarle el porqué de esos deseos sexuales, se les condena. Se les hacía sentir sucios e impuros desde tiempos bíblicos. Veamos en Levítico 15:16-17: "Cuando el hombre tuviere emisión de semen lavará con agua todo su cuerpo y será inmundo hasta la noche. Y toda vestidura o toda piel sobre la cual cayere la emisión del semen se lavara con agua y será inmundo hasta la noche." Reglas como ésta en referencia a la mujer y a su periodo menstrual, se encuentran también en dicho capítulo de Levítico. La mujer era considerada inmunda, la misma tenía que estar separada. El lugar en donde ésta estuviese acostada, o se sentase, durante este proceso también sería considerado inmundo. Esto incluía también a cualquiera que durmiese con ella quien sería inmundo por siete días. Los avances sociales que hemos hecho han relegado al olvido estas prácticas, aunque todavía en algunas iglesias cristianas de corte carismático, se utilizan éstos y otros versículos como medidas de control en la vida sexual del individuo, ya que la sexualidad es vista como algo nefasto para tu crecimiento espiritual. Por ejemplo, en Génesis 38:9-10, vemos cómo Dios le quita la vida a un hombre llamado Onán, por éste haber eyaculado fuera de la mujer con la que debería crear descendencia. Personalmente, he sido testigo de cómo ciertos líderes religiosos utilizaban estos versículos para hablar en contra de la masturbación y de otras prácticas anticonceptivas. De hecho, la iglesia católica postuló en contra de los preservativos y no los condena solamente si es para prevenir el contagio de una enfermedad de transmisión sexual. En muchas denominaciones religiosas se pensaba, y hablo en pasado, ya que la mentalidad ha ido cambiando, que si se eyaculaba sin ser esto parte de un acto reproductivo, el mismo era un acto contra natura, por ende pecaminoso y contrario a lo que Dios ordenó. Es importante señalar que no hay un solo pasaje bíblico que prohíba la masturbación. Se alega que ésta es intrínsecamente mala, y peor aún, si ésta se realiza

Mi Dios no tiene religión

con pleno conocimiento y bajo las debidas advertencias. Muchos pastores y líderes religiosos tratan de obviar el tema sexual. Los más fanáticos y atrevidos alegan que los órganos sexuales son para uso exclusivo de la reproducción y fuera de esto, utilizarlos es considerado lujuria. Los adultos no casados, los divorciados, los jóvenes y adolescentes pueden fácilmente caer en ese grupo de culpables, desvergonzados e inmundos, como los quieren hacer sentir muchos de estos predicadores.

El ejemplo de que tales postulados son ilógicos y antinaturales lo vimos al principio de este capítulo con el caso de Jim Baker, Jimmy Swaggart, Swami Nithyananda y los casos de pedofilia sacerdotal, quienes pusieron en práctica lo que condenaban porque lo que es natural siempre aflora. Quiero por otra parte argumentar sobre la racionalidad de los versículos bíblicos que se encuentran en el Antiguo Testamento y que tocan la temática sexual. Muchos de estos versículos eran leyes dadas por Moisés que tenían como propósito mantener la sobrevivencia de su pueblo nómada a través del desierto. Por eso la importancia que se le dio a no eyacular fuera de la mujer, el no permitir relaciones homosexuales y el no copular con mujeres extranjeras.

La energía sexual es una expresión de la energía espiritual que contiene la unidualidad del ser Divino en forma física, humana, capaz de sentir infinidad de emociones. Entender esto llevaría al ser humano a conocerse a sí mismo, a conocer mejor al otro y a honrarlo como reflejo de lo Divino. El abuso sexual desaparecería, ya que entenderíamos la gravedad del asunto, uno que va más allá del daño físico y mental de la víctima. El abuso sexual es un ataque contra una de las manifestaciones divinas en el cosmos. O sea, el otro, tu semejante, tu hermano, tu raza, tú mismo.

Dios, ¿padre?

La nueva conciencia no es nueva. La nueva conciencia es desempolvar la que tenemos y nos han querido empañar. En un tiempo, hablaba de lo que la religión nos había robado cuando me refería a la imposibilidad de poder llegar a conectarme con la inteligencia universal a través de la práctica religiosa. Buscando aquello perdido que yo pensaba que me había sido arrebatado a la par con la religión que se iba adentrando en mi vida, me percaté de que eso buscado siempre ha estado conmigo. Las religiones han sembrado tantas ideas en la mente humana que se han convertido en parte de nuestras vidas aun siendo el absurdo más grande.

Dios es Padre. ¿De veras? Y si digo: ¿Dios es Madre? Apelar a eso que llamamos Dios como algo femenino asombra a las personas. La idea limitante de que el ser Divino tiene forma de varón es una de las causas de que las mujeres en este planeta sean y hayan sido discriminadas a través de la historia. Un concepto masculino de Dios ha sido el causante de 70 millones de niñas y mujeres sometidas a la oblación o castración femenina. Aunque en algunos países esta práctica se lleva a cabo desde la edad de un año, cuando es por razones religiosas, se practica dentro de las edades de 4 a 14 años. Esta práctica acarrea muertes, infecciones en el tracto urinario, hepatitis, infertilidad, menstruaciones dolorosas y otras muchas condiciones que también afectan el parto. Según datos de UNICEF, cada año, 3 millones de mujeres y niñas son sometidas a este procedimiento.

La conceptualización de un Dios hombre hacía más fácil el poder llevar al sexo físicamente más fuerte y violento a la guerra dado que la energía masculina es más agresiva y menos pasiva que la femenina. De hecho, se han realizado estudios que apuntan a que la agresión puede ser aprendida mediante la imitación y los refuerzos sociales, pero también se han realizado numerosos estudios que vinculan la agresividad con la hormona masculina. Así que la manera en que la raza humana está diseñada crea un balance. La ternura, el cariño y la sutileza natural de la mujer la capacitan excelentemente para cuidar de una cría que no estará apta para desenvolverse por sí sola por varios años aun después del destete, contrario a como ocurre con los otros mamíferos, que al ser destetados ya comienzan a valerse por sí mismos. Esto, contrario a la energía masculina antes mencionada, crea uno de los opuestos necesarios sin los cuales el universo no tendría ningún balance. ¿Quiere esto decir que un varón no es capaz de ser sensible, tierno y capaz del cuidado de sus hijos? No, de ninguna manera. La raza humana, tanto el hombre como la mujer, es muy capaz de modificar y de expresar emociones, cariño y cuidado cuando se trata de cuidar a su especie. Lo que quiero decir es que ver a Dios desde una perspectiva masculina es un error que menoscaba nuestra historia como raza y perpetua el discrimen por razón de sexo. En el mismo Génesis que se enseña en las escuelas y colegios cristianos, describen a Dios como una totalidad unidual. "Hagamos al hombre a nuestra imagen, conforme a nuestra semejanza; y señoree en los peces del mar, en las aves de los cielos, en las bestias y en toda la tierra y en todo animal que se arrastra sobre la tierra. Y creó Dios al hombre a su imagen, a imagen de Dios lo creó; varón y hembra los creó." (Génesis 1:26-27).

    El discurso sexista como herramienta de control por parte de las religiones patriarcales va hasta el extremo de limitar el crecimiento y la capacidad de servir de las mujeres dentro de su propia iglesia. El caso de Marisol es la historia de una mujer con gran sentido de servicio. Marisol tenía una vasta experiencia como jefe de personal y era bien conocida por su habilidad para orientar a los empleados desde lo que ella llamaba "la perspectiva del amor cristiano".

Sin lugar a dudas, el amor por el prójimo que profesaba era evidente y lo demostraba visitando a las personas enfermas y haciendo colectas para ayudar a cualquiera que estuviese desempleado o buscándole relocalización en algún otro empleo. Marisol fungía como líder adulto de los jóvenes de su iglesia y soñaba con pastorear. Su deseo se tronchó cuando su pastor, al percatarse de su deseo, le dijo que no soñara con eso, pues era contrario a lo que Dios había establecido. La evidencia presentada fue Primera de Timoteo 2: 11-15. "(11) La mujer aprenda en silencio, con toda sujeción. (12) porque no permito a la mujer enseñar ni ejercer dominio sobre el hombre, sino estar en silencio. (13) Porque Adán fue formado primero después Eva; (14) y Adán no fue engañado, sino que la mujer, siendo engañada, incurrió en transgresión. (15) Pero se salvara engendrando hijos, si permaneciere en fe, amor y santificación con modestia." El versículo 15 condena a toda mujer que, ya sea por razones biológicas o que por voluntad propia decide no ser madre. Y no tan sólo eso, sino que dice que la única salvación que tiene es a través de su facultad de parir. En adición, la jerarquía patriarcal establece que Adán fue creado primero; luego, responsabiliza a la mujer del pecado y de la desgracia humana, y la condena al silencio.

Quitar el lado femenino de Dios es querer ocultar el cielo con la mano. Simplemente, no es posible.

La maldad

Otro excelente ejemplo del control que pretenden ejercer las religiones y las iglesias sobre sus seguidores es la aseveración de que la raza humana es mala por naturaleza. Cuando el ser humano se desprende de los roles impuestos, sale de la carrera a la que lo tienen habituado y las expectativas socioculturales a que es sometido, es que se da cuenta de su gran potencial para amar. El interés por ayudar se realiza sin engordar el ego. Comenzamos, como dijo Jesús, a darle al César lo que es del César y a Dios lo que es de Dios. Vemos que no somos malos como nos querían hacer ver, para poder controlarnos con mitos y reglas que niegan lo que somos. Nos amamos porque nos conocemos y amamos al prójimo porque nos vemos reflejados en él. Amamos a Dios, al Ser, porque somos parte de él, al igual que el prójimo y vemos la creación como una manifestación del poder divino interactuando en todo lo que está vivo.

El gen del altruismo es natural en el humano como lo es en el reino animal. Por ejemplo, en la raza de chimpancés bobones, es normal que si uno de los integrantes de la manada, ve a un depredador como un tigre u otro animal peligroso para el grupo, éste da la voz de alarma aún reconociendo en su instinto que será presa del depredador por haberse expuesto. El ser humano es capaz de grandes bondades. Ésa es nuestra naturaleza, pero el creernos el mito del pecado original nos lleva a un estado sicológico-espiritual de debacle, en donde buscamos desesperadamente la salida a esta supuesta maldad que no existe en el verdadero Yo.

Buscar la liberación de nuestras supuestas limitaciones, querer erradicar los supuestos obstáculos que limitan la comunicación con Dios ha creado distintas cosmovisiones y conceptos divinos que en vez de unificarnos con Dios, nos separan de Él.

Las religiones han fragmentado al individuo y nos han dividido como raza.
La religión fracasó en su búsqueda;
su cosmovisión ha fracasado.
Se perdió en la búsqueda; te arrastró a ti y ahora te dice que tienes que clamar por salvación.

Dios no está cerca y está ella, la religión, para tenderte un puente. De hecho, el título de Sumo Pontífice, como se le llama al Papa, lo que significa es un gran puente entre Dios y los hombres. El temor y el miedo es lo que mantiene a la religión viva. Se te ha vendido la idea de que necesitas un puente para conectarte con lo Divino, con Dios, o como le quieras llamar. Pero, es necesario entender que ese puente, el verdadero, siempre ha estado ahí, y tú eres parte de esa conexión. El brazo es el puente entre la mano y el hombro, pero todo es una sola pieza interconectada a otras que, a su vez y en suma, eres tú. No nos hace falta otro puente que no seamos nosotros mismos. Somos chispas divinas experimentando en un mundo de tiempo y espacio. Somos parte de ese todo que evoluciona y que crece en la medida en que cada uno evoluciona en su experiencia vivencial. La evolución es constante para todos. El ser Divino vive y experimenta a través de lo creado; y viviendo y experimentando a través nuestro, nos ha convertido en cocreadores. La religión y sus líderes, como puente entre Dios y los hombres, no sirvió, porque nunca fueron necesarios. El puente eres tú, sólo falta que le quites los obstáculos que te impiden caminar por él.

Reconocernos como hijos de la gran familia universal y, en particular, de la familia planetaria, nos da el sentido real de pertenencia, muy distinto al que te da la religión. La raza humana no es mala como se quiere hacer ver. Actuamos equivocadamente, atentando contra los demás, buscando defendernos a cada momento porque no entendemos lo que realmente somos. Si cobramos conciencia de lo que somos, nadie se atrevería a robar, a hablar mal del otro, a hacer algo que le cause daño a otro, pues entenderíamos que ese aparente, simple desbalance, afectaría a toda una familia que, a su vez, afectaría a cada grupo social en el que se mueve cada integrante de dicha familia, y así sucesivamente hasta tocarme incluso a mí personalmente.

Mi Dios no tiene religión

Al no aceptar una cosmovisión armoniosa, las religiones pasaron a ser estructuras de clanes y de tribus. Su deidad o deidades como respuestas a sus inquietudes, poseían la verdad que las hacía tan especial y las convertía en algo digno por lo cual luchar. Se luchó por esa verdad y se impuso a costo de sangre como lo hemos visto en la historia. Al costo de buenos amigos que por no pertenecer a mi religión o tener estilos de vida diferentes, no son entendidos y por lo tanto, no son permitidos en mi círculo religioso, y se me coarta el compartir con ellos. A costo de la vida de un hijo, que hubiera jugado, vivido y aportado tanto a la sociedad, pero por ser Testigo de Jehová no se me permitió darle la sangre que pudo haber salvado su vida. Al costo de millones de personas que mueren al año por causa del terrorismo religioso. El Islam, el terrorismo cristiano y los cultos son sólo algunos de los muchos que podríamos mencionar y que siguen dejando muerte a su paso.

Cuando dejas caer una piedra en el río se crea una onda, que a su vez crea otra, y ésta crea otra hasta llegar a la orilla. Muchas veces no la ves, es una onda imperceptible, pero su alcance va más allá del lugar donde se originó. La religión nos ha fragmentado sicológica y espiritualmente, nos ha distanciado de Dios enviándolo al séptimo cielo y sacándolo de la ecuación terrestre. Le ha restado el aspecto espiritual a la naturaleza y el planeta por lo que el hombre ha perdido el respeto por sí mismo y por lo que le rodea. Comenzar a reconstruir estos sistemas religiosos que nos dividen es la solución a muchos otros problemas sociales. No necesitas más seguridad. ¿Para qué? ¿Para encerrarte más? ¿Y vivir como un animal de circo enjaulado? Rejas, cámaras, control de acceso, guardias. ¡No! No necesitamos más de esto. No queremos salir preocupados en la noche sin poder disfrutar la luna, un cielo estrellado o la rica brisa porque estamos mirando a todos lados por si se acerca un malhechor. Necesitamos reeducar al humano para que entienda que las divisiones no existen en el cosmos, que todas las cosas aunque distintas, forman parte de un todo, donde la intervención de una inteligencia cósmica y universal es total y tangible. La nueva conciencia trae consigo la verdadera teología. La de no necesitar libros "sagrados" la de ver, sentir y honrar a la deidad sin la necesidad de acercarme a ella por temor ya que me hará quemar eternamente si no hago lo que me dice o quiere.

El control se convertiría en ayuda mutua. Muchos aspectos y roles sociales se disolverían si reemplazamos la religión por la espiritualidad. Un cambio en cómo me veo, una total convicción de lo que realmente soy, trae consigo un cambio transformacional. Digo esto, ya que no siempre los cambios llevan transformaciones. Pueden haber cambios sin transformación, pero sí puede haber una transformación debido a un cambio. Si tuviéramos el conocimiento de qué y quiénes somos no andaríamos matándonos en las calles por discusiones ilógicas, y mucho menos iríamos a la guerra. Jesús dijo: "Perdónalos porque no saben lo que hacen". Jesús no consideró a la raza humana mala en sí misma, sino ignorante y carente de conocimiento. "No saben lo que hacen" –dijo. El sistema que mató a Jesús, el que orquestó que el poder judicial lo ejecutara fue el sistema religioso de su tiempo. Todo sistema religioso atentará de alguna u otra manera, contra todo aquel o aquello que opine o actué en su contra. Los sistemas meditativos no teístas y o grupos ocultistas o esotéricos no proselitistas y algunas prácticas orientales traen luz al individuo sobre su verdadera naturaleza espiritual sin afán de control ni poder. Por eso las religiones, en su mayoría las occidentales, postulan en contra de éstas. La espiritualidad es inherente al ser humano, pero la religiosidad no.

Mi Dios no tiene religión

Hemos perdido nuestra identidad espiritual a consecuencia del fenómeno religioso. Creamos algo que no sirvió. La religión nunca te acercará a Dios.

La religiosidad no es otra cosa que la práctica de un sistema de acciones que afectan todos los ámbitos de la vida social creados con el fin de estar "bien" con Dios. Estas acciones, al ser creadas por humanos que han perdido de vista su verdadera identidad, prestan más atención a lo externo. La religiosidad te induce a pensar que si sigues y llevas un conjunto de reglas, éstas te llevarán al cielo, lo cual te conduce al legalismo, a la rigidez y a la violencia.

La religiosidad es divisionista, por eso hay muchas religiones, y la espiritualidad es una sola. Los sistemas religiosos y especialmente los más grandes como el cristianismo y el islamismo, subsisten y dependen gracias a la exaltación de lo negativo. No digas, no hagas, no comas. Fomentan sus enseñanzas a través de la culpa y el miedo, miedo al castigo, a la muerte, miedo a la destrucción, al infierno y a la condenación eterna. Te atemorizan, te fragmentan y mediante coacción, te someten a sus preceptos. La espiritualidad, por otra parte, es experimental, es abarcadora, te habla de conocerte, de conocerlo todo, de aprender de los errores y de continuar el proceso.

Toda religión ha sido impuesta de una u otra manera. Tomemos este ejemplo. Si naciste en México muy probablemente eres católico. Si naciste en el Tíbet probablemente eres budista y si naciste en la India es probable que practiques el hinduismo. No así la espiritualidad, que nace en el individuo que no es forzada y no responde a conceptos culturales. La religión habla a través de sus líderes y de la interpretación que éstos hacen de sus libros "sagrados".

La espiritualidad no necesita de un guía en particular ya que el guía es nuestra voz interior y la creación misma. La religión te controla y te mantiene atontado ofreciéndote promesas futuras para después de la muerte. La espiritualidad te dice: vive, disfruta, comparte la presencia divina y sus beneficios aquí y ahora. La religiosidad te alimenta el ego, te hace sentir único, especial, escogido. Los demás están mal, son impíos, pecadores; están condenados, pero yo estoy bien. Soy pueblo escogido. La espiritualidad va más allá del ego. Todo es importante, todos somos especiales e importantes; todos estamos aprendiendo, creciendo y evolucionando.

Recuerdo una noche de luna llena, en la que compartía con amigos de diferentes filosofías alrededor de una fogata en la playa. Me presentan a una joven mujer que me dijo su nombre. Lourdes, in la kesh. Interesante. ¿Qué significa ese "in la kesh"? Y me contestó: Soy el otro tú. Eso hace la espiritualidad. Reconocer en el otro mi persona. Mi otro yo, con mis atributos y virtudes, con mis defectos y temores. La espiritualidad nos identifica, crea tolerancia, nos permite aceptarnos y aceptar al otro.

En la religiosidad, vestimos y nos arreglamos para parecer más serios y honestos y para presentar una imagen de santidad y devoción como supuestamente Dios quiere. Jesús decía a los religiosos de su tiempo, Mateo 23:27: "¡Ay de vosotros escribas y fariseos hipócritas!, porque sois semejantes a sepulcros blanqueados, que por fuera, a la verdad se muestran hermosos, mas por dentro están llenos de huesos de muertos y de toda inmundicia."

La espiritualidad no vive de apariencias externas. Soy como soy. Con barbas o sin ellas, con cabellos largos o cortos, con aretes o sin ellos. Cualquier ropa da lo mismo, porque soy como soy, y en lo que soy, busco la comunión con Dios y sintonía con él. La religiosidad te fuerza a vivir dogmas absurdos que no aportan nada a tu vida, sólo para

Mi Dios no tiene religión

aparentar y, como muchas veces escuché, para identificar que no estás en el mundo y que eres de Cristo. Pero, ¿no fue el mismo Jesús el que dijo en Juan 13:35: "En esto conocerán todos que sois mis discípulos, si tuviereis amor los unos por los otros." ¿Qué, pues, aporta la apariencia a la espiritualidad?

En uno de mis trabajos como administrador de proyectos de construcción, escuché una interesante conversación en la que uno de los integrantes de un grupo que se encontraba en receso citaba unos versículos bíblicos. Como estudioso de las escrituras bíblicas, me uní al coloquio y aporté al desarrollo de la conversación. El que aparentaba mejor dominio del tema, me preguntó: "Varón, ¿y desde cuándo usted se apartó del Señor? ¿Qué le paso? ¿Qué le hizo Cristo para que usted lo dejara?" Como ya conocía la letanía sobre toda esta tontería doctrinal, percibí rápidamente que estaba emitiendo un juicio a partir de mi apariencia, ya que en ese entonces llevaba mi cabeza rapada, barba y un pequeño arete en la oreja. En cinco minutos, tal vez diez, le expliqué en qué consistían las enseñanzas de Jesús, y la explicación y la razón histórica para los versículos bíblicos que los cristianos carismáticos y/o pentecostales usaban para sostener sus códigos de vestimenta. Luego de mi breve, pero amplia exposición, la respuesta de quien había puesto en tela de juicio mi relación con Jesús y su mensaje cósmico-universal, fue: "Varón, perdóneme, gracias." Me recalcó varias veces su interés por conocer otra visión del mensaje antirreligioso de Jesús. Entonces, era él quien me buscaba para preguntar sobre tal o cual tema o pasaje bíblico. Es muy fácil repetir lo que se ha estado repitiendo por años. Es muy fácil no cuestionar porque eso fue lo que se me enseñó: "A Dios no se le cuestiona." Bueno, tal vez a Dios no, pero al líder religioso, sí. ¿Dónde, cuándo y por qué? Dios dijo lo que dijo, si es que lo dijo. He tratado de recordar el nombre de esa persona y no he podido.

Por lo menos sé que en algún lugar del planeta alguien más despertó y se dio cuenta de cuán lejos la religión lo había llevado en su empeño de conocer más a esa energía amorfa que llamamos Dios.

El creyente no tiene el valor para cuestionar y cuando lo hace se le estrangula el pensamiento diciéndole que está dándole paso a doctrinas de error y/o de demonios. El miedo y no el amor, la imposición y no el curso natural del desarrollo evolutivo son las cosas que mantienen vivos a los sistemas religiosos.

Métodos para garantizar el control social: política, educación y miedo

Como dijo Hitler: "Repite la mentira tantas veces como sea posible y se convertirá en una verdad". Tan grande fue la mentira y tanta la repetición, que el holocausto nazi dejó un saldo de 6 millones de muertos. Cabe mencionar que la iglesia católica, como representante del movimiento religioso de más poder en aquel momento, ni tan siquiera condenó dicha matanza, más bien podríamos decir que hasta la fomentó. Pues claro, con la eliminación de los judíos, se eliminaba una religión más, dejándole un camino más amplio para ejercer su poder. Tal parece ser que las religiones ya se conocían el truco de Hitler y todavía mantienen dicha práctica. Se repiten las mentiras una y otra vez, generación tras generación. En su empeño por seguir controlando y al no poder contar con el Estado para establecer la educación religiosa, las iglesias han creado sus propias escuelas y colegios. Tenemos colegios adventistas, católicos, evangélicos, y los mormones con su "escuela en casa". Pues ahora, tendrás a un niño sin más concepto espiritual que el que los padres le pudieron haber inculcado, expuesto para ser indoctrinado con ideas, conceptos y supuestas verdades que, como ya hemos visto, lo fragmentan

Mi Dios no tiene religión

como individuo. Creemos que lo estamos acercando más a Dios al ingresarlo a este tipo de escuela. Los que no pueden pagar un colegio religioso, por éstos ser privados y conllevar ciertos costos, envían a sus niños a escuelas dominicales y/o sabáticas de alguna iglesia en su comunidad, donde se encontrarán con maestros como el Hermano Tato y mi amigo Daniel.

A través de los siglos las religiones han estado utilizando acontecimientos de la naturaleza para ejercer control social. Las enfermedades y acontecimientos catastróficos, como los huracanes y los terremotos –que son parte del balance natural de nuestro planeta– pasaron a ser instrumentos de Dios para castigar a aquellos que no le quieran servir. Tal vez pareciera que Dios se olvidó que les dio un libre albedrío y, ahora, si no es como te dice por medio del cura, del pastor, o del profeta te va a castigar. Cuando, tras el paso del huracán Katrina, se inundó el área de Nueva Orleans en Louisiana, se hicieron cantidad de comentarios aludiendo a que tal acontecimiento fue un castigo divino por la supuesta desviación y libertinaje que se vivía en el sector, muy conocido por el Carnaval de Mardi Gras celebrado allí anualmente.

Un vistazo a los profetas del antiguo testamento nos ilustra cómo éstos culpaban al pueblo de cualquier catástrofe política, económica o natural y auguraban desastres y mortandad, esclavitud y plagas si el pueblo no optaba por vivir como Dios quería. (Levítico 26:14-28, ver página 50.) Todavía hoy día, estos versículos se utilizan para llevar mensajes de terror evitando que los fieles puedan auscultar otras alternativas de crecimiento espiritual. La buena noticia es que cuando podamos entender y ver el mensaje de Jesús y de otros avatares resplandeciendo en nuestros corazones, el temor que pueda infundir el cura, el pastor, el tele-evangelista o líder religioso, se derrumbará. Por consiguiente, el aparato religioso va segundo en la caída.

Wilfredo Robles

Religión, gobierno y violencia

¿Por qué razón el Presidente de Estados Unidos juramenta sobre una Biblia?, ¿esto no tiene implicaciones discriminatorias? ¿No hay estadounidenses que tienen otras religiones y que contribuyen al fisco y sirven en el ejército dando sus vidas en la guerra? ¿No sería más lógico, ya que existe separación de Iglesia y estado, que no se juramentara sobre ningún "libro sagrado" o mejor que se juramentara sobre todos los conocidos? Así, no se estaría promoviendo ninguna religión en particular. ¿Qué dirían los grupos religiosos en Estados Unidos si el Presidente, haciendo uso del principio de separación entre Iglesia y Estado, decidiera no jurar sobre la Biblia y lo hiciera sobre el Bhagavad Gita o simplemente decidiera no usar ningún libro "sagrado"? Tal vez suena a chiste, pero creo que vale la pena repensarlo para entender hasta dónde la religión se ha apoderado del poder político y social.

"En el mundo moderno la religión es una fuerza central, tal vez la fuerza central para la motivación y movilización de las personas… Lo que finalmente cuenta para ellas no es la ideología política o interés económico. Convicciones religiosas, familia, sangre y doctrina son las realidades por las cuales las personas se identifican y en función de las cuales luchan y mueren." La cita anterior es de Samuel Huntington, quien fue científico y estudioso de las ciencias políticas y asesor del Pentágono. Sus palabras cobran vida cuando observamos países como Irán, Palestina, Israel y Afganistán, cuyas religiones son eje central en su política. El Islam es la base del gobierno iraní y el Judaísmo es la del gobierno israelí. ¿Y cómo viven? Viven matándose en una constante guerra "santa" por "tierras santas".

En países democráticos, los políticos de carrera operan con mucha astucia para poder lidiar con las instituciones religiosas, sus tradiciones. y la presión que éstas quieren ejercer sobre el aparato gubernamental con el fin de imponer sus criterios sobre qué leyes aprobar o no aprobar. Especialmente si creen que estas leyes van en contra de lo que Dios ha dicho o quiere. Mantenerse en el poder político muchas veces requiere que algunos se arrodillen ante la presión religiosa aun sin creer en ninguno de sus postulados. Pero, ¿qué podemos decir cuando son los mismos políticos, que han sido electos por un pueblo en cuya Constitución se garantiza la separación de Iglesia y Estado, los que quieren imponer sus criterios religiosos?

En la historia política de cada pueblo se puede apreciar el interés de dominio que tienen la religión y sus líderes. Pero, peor aún es poder ver la manera en que el pueblo coloca, mediante el voto, a personas que buscan acelerar sus agendas religiosas aun cuando sea en detrimento del resto de los ciudadanos.

Algunos políticos y sus ejecutorias

Jesse Helms es diácono y maestro de escuela dominical y líder del movimiento Derecho Cristiano, cuya agenda es colocar líderes de su movimiento en el poder y establecer que la Biblia es la ley civil. En otras palabras, no a la Constitución, sí a la Biblia. Helms estuvo cinco términos electivos en el Senado de los EE.UU. Este senador, electo por un pueblo en unas elecciones democráticas para que velara por sus derechos, postulaba en contra de la Carta de Derechos. Decía que ésta era la pieza legislativa más peligrosa que se había introducido al Congreso. Helms fue también miembro fundador junto con Jerry Falwell, pastor bautista, fundamentalista evangélico, tele-evangelista, de Mayoría Moral en el 1979. Mayoría Moral fue una organización de corte político creada para promover la agenda evangélica cristiana, la integración de Iglesia y Estado e impulsar el Dominionismo, nombre usado para la ideología de los cristianos conservadores políticamente activos y que tienen como agenda el control de la nación. Pat Robertson, otro famoso tele-evangelista. Es el más influyente portavoz de los cristianos conservadores en los EE.UU. Buscó la nominación Republicana para correr por la presidencia de los EE.UU. en el 1988. Fue creador de la organización Coalición Cristiana y de CBN (Christian Broadcasting Network) que se ve en 180 países en 71 idiomas. Robertson alega que la religión islámica es una secta satánica y causó mucho malestar en la comunidad internacional al decir que el terremoto de Haití en el 2010 fue castigo de Dios porque los esclavos negros le habían vendido el alma al Diablo para obtener su libertad en el 1804 cuando se independizaron de Francia. En el 1991, escribió un libro llamado El nuevo orden mundial que fue muy criticado por expresar ideas de una supuesta conspiración mundial por parte de los judíos y los masones. Pat Robertson ha sido muy exitoso en sus negocios que se estima le han dejado ganancias netas de entre 200 millones a un billón, pero también ha sido investigado por la manera no muy clara de manejarlos. Por ejemplo sus operaciones en Operación Bendición, una organización humanitaria sin fines de lucro creada para demostrar "el amor de Dios" brindando ayuda en casos de desastre y a comunidades en desarrollo. Esta organización fue investigada cuando alegadamente los aviones de operación bendición eran usados como parte del negocio de explotar las minas de diamantes de Pat Robertson y no para la misión de ayuda en Zaire.

Por último, quiero mencionar algunas palabras de Robertson, candidato presidencial y conocido cristiano tele-evangelista: "Planificación Familiar es enseñar a los niños a fornicar, enseñar a la gente a cometer adulterio, todo tipo de bestialidad, homosexualidad y lesbianismo –todo lo que la Biblia condena." Pat Robertson, The 700 Club, 4 de septiembre de 1991.

Por su parte, Jerry Falwell ha dicho lo siguiente: "Espero vivir para ver el día en que como en los primeros días de nuestro país no teníamos escuelas públicas. Las iglesias las habrán conquistado de nuevo y los cristianos las manejaran.". "El sida no es solamente castigo de Dios a los homosexuales, es castigo de Dios a una sociedad que tolera a los homosexuales." De hecho, Falwell también argumentaba que el ataque a las Torres Gemelas era castigo de Dios. "En definitiva, yo creo que los paganos y los abortistas y las feministas y los gays y las lesbianas, quienes activamente intentan hacer de esto otro estilo de vida alternativo, el ACLU, People for the American Way, todos ellos que han tratado de secularizar América. Los señalo con el dedo en sus caras y les digo: Ustedes ayudaron a que esto pasara."

Lamentablemente por el desconocimiento creado por la misma religión de que es "incuestionable", mucha gente cree que la religión es pacífica y reconciliadora. La realidad es que la religión es un detonador de expresiones de maldad y violencia de grandes proporciones. Al día de hoy se estima que un 46% de los grupos terroristas no responden a ideologías políticas o económicas sino religiosas.

Sea cual sea la violencia y los actos o personas que la promuevan, ésta debe ser condenada. Como parte de lo que tenemos que descubrir para desenmascarar a las religiones y entender el peligro que representan, es menester que entendamos como han estado tomadas de la mano a la violencia, y cómo la religión necesita de ésta para su subsistencia. Según RAND, durante el 1996, diez de los trece ataques terroristas que causaron la mayor cantidad de muertes, fueron por razones religiosas. Este dato debe ser de gran preocupación, ya que la proliferación de ataques va en aumento. El que comete este tipo de violencia entiende que el mismo está siendo justificado por el poder "SUPERIOR" a todo (Dios) y que recibirá un galardón divino.

Estos ataques terroristas muchas veces se justifican con el argumento de que los que han sido atacados son enemigos de Dios y merecen castigo. Para refrescar la mente del lector creo prudente mencionar algunos de los que encabezaron las noticias y que pueden servir de ejemplo a lo que estoy enfatizando. El bombazo en la ciudad de Oklahoma perpetuado por Timothy McVeigh, el 19 de abril de 1995. A continuación parte de una carta que McVeigh envió a su amigo Steve Hodge: "Yo sé en mi corazón que yo tengo la razón en mi lucha, Steve. Yo he llegado a estar en paz conmigo mismo, con Dios y mi causa. La sangre seguirá en las calles, Steve. El bien vs el mal, hombres libres vs socialistas que quieren esclavizar. Ora porque no sea tu sangre mi amigo.". La motivación de McVeigh fue según sus propias palabras, "venganza por lo que el gobierno hizo en Waco y en Ruby Ridge". Estos dos casos que citaba McVeigh no pueden ser desligados de componentes religiosos como tampoco las palabras usadas en su carta. En el caso particular de Waco, Texas, se trató de una operación de agentes federales, en febrero del 1993 contra el grupo Davidianos, una secta protestante que se originó en el 1955 y que eventualmente dirigió David Koresh (1959-1993) quien a los 22 años alegó haber nacido de nuevo en la iglesia Bautista del sur y que eventualmente pasó a ser parte del movimiento Adventista del Séptimo Día. En el 1981, Koresh entró a la secta de los Davidianos, logrando ascender en el liderato por sus "dones de profecía" y se estableció como líder de la secta alegando ser la persona escogida por Dios para procrear el nuevo Mesías que habría de venir. Este suceso dejó un saldo de 76 muertos, veinte de éstos niños, dos mujeres embarazadas y el líder del grupo David Koresh.

En cuanto a Ruby Ridge, McVeigh se refería a una confrontación en el 1992 entre el gobierno y Randy Weaver y su familia, quienes habían decidido irse a vivir a un área

Mi Dios no tiene religión

montañosa para escapar del mundo corrupto y el Apocalipsis que estaba por llegar. Este incidente terminó con la muerte de un niño de 14 años, una mujer de 42 y un agente federal. Ninguno de los dos casos que motivaron a Timothy McVeigh a cometer el acto terrorista que costó la vida de 168 personas, entre estos 19 niños, y dejó un saldo de 500 heridos estaba exento de contenido religioso. El lenguaje religioso es comúnmente usado para motivar a las masas y seducirlas más fácilmente para que cometan actos violentos por estar justificado por Dios.

Adolfo Hitler utilizó de manera muy carismática el lenguaje religioso moviendo a toda una nación y dando paso a la Segunda Guerra Mundial. A continuación cito parte del mensaje de Hitler el 12 de abril de 1922: "Mis sentimientos como cristiano me dirigen a mi Señor y Salvador como combatiente. Ellos me dirigen al hombre que una vez en soledad y rodeado de unos pocos seguidores se dio cuenta de cómo eran realmente estos judíos e instó a los hombres a luchar contra ellos, y quien ¡siendo la verdad de Dios! fue más grande no como sufriente sino como combatiente." El saldo de mensajes como éste fue una carnicería humana que se extendió a millones de personas. Judíos, gitanos, homosexuales, discapacitados, prostitutas, prisioneros de guerra rusos y todo aquel considerado amenaza para el gobierno nazi, eran llevados a la cámara de gas, a los hornos crematorios o simplemente a morir de hambre o inanición en los campos de concentración. Las agendas políticas nacionalistas con mensajes de índole religioso son extremadamente peligrosas. El mensaje religioso ciega. Bruce Hoffman, experto en terrorismo y exdirigente de RAND en Washington, mencionó en un artículo que según estudios realizados, el hecho de que los ataques terroristas por motivaciones religiosas sean tan violentos se debe a que estos grupos tienen un sistema de valores y mecanismos de legitimación y justificación que le permite operar desde una dimensión divina. Para los efectos de un fanático religioso tomar parte de un acto de violencia es una bendición divina. En la medida en que estos grupos y actos violentos se acrecientan, deberíamos preguntarnos hasta qué punto esto se puede convertir en una amenaza mundial si los líderes políticos ven a los religiosos como herramientas para agenciar sus planes de expansión. ¿No le sería más fácil a una mentalidad nublada por la morfina religiosa ser la que detone un arma nuclear si presume que tendrá gran galardón en el cielo?

¿Cuántos Ayatollah y Bin Laden nos quedan por producir?

Si bien ya he mencionado que las religiones como el judaísmo, el cristianismo y el islamismo son en extremo violentas y sexistas, el budismo –que podría tener el récord de ser la menos violenta– no ha sido la excepción. Como parte del estudio realizado para este libro encontré en la historia a un sagaz monje llamado Faqin, quien en el 515 dirigió una guerra civil. Su consigna fue que un nuevo Buda había surgido para erradicar a los demonios y que todo aquel que matara a un hombre sería un Buda de primer grado y todo el que matara a diez, sería un Buda de un décimo grado.

Cuando hablo públicamente sobre la violencia y el terrorismo religioso, muchas personas les suena como algo lejano. Piensan en Osama Bin Laden y Al Qaeda y simplemente ven esto como un problema de Oriente Medio y de países lejanos. Los estados de Michigan, Ohio e Indiana fueron la base de entrenamiento para el grupo armado Hutaree, que significa "Guerrero Cristiano" y cuyo slogan es "preparándonos para la batalla del fin del tiempo y mantener vivo el testimonio de Cristo". Este grupo fue intervenido por el FBI en el 2010, pero la cantidad de grupos como éste está creciendo a pasos agigantados y sus videos se pueden ver en el portal de YouTube, a través del cual hacen su propaganda violenta utilizando versículos bíblicos.

Mi Dios no tiene religión

Como ya mencione, el lenguaje religioso es un excelente detonante para la violencia dado su corte "exclusivista, separatista y justo".

Como hemos expuesto anteriormente, el hombre, con su conciencia nublada por el ego, los roles y su erróneo concepto del Yo, ha creado conceptualizaciones de dioses que puedan sujetarse a sus agendas personales y expandirlas. En su afán de conquista y poder, el humano ha creado infinidad de dioses violentos. El científico y escritor Greg Braden, cita en su libro *Deep Truth*, que existen en las religiones paganas un promedio de ochenta dioses guerreros, lo que demuestra una vez más la verdad que he venido exponiendo. De hecho, el dios del judaísmo y del cristianismo que se alega en la religión es el mismo ayer, hoy y por los siglos dado su carácter de inmutabilidad se le conoció y todavía se le conoce como Jehová Dios de los Ejércitos.

Se podría escribir un libro entero sobre esta temática, pero dado que nuestro interés abarca un poco más, entendemos que lo citado anteriormente es material suficiente para despertar la conciencia sobre el importante asunto de la violencia y el odio institucionalizado, que muchos creen que no existe y no lo pueden ver.

Religión, gobierno y violencia. Tal parece como si una se mezclara con la otra. ¿Tienen las religiones algún tipo de contubernio con el gobierno aun cuando existe la separación de Iglesia y Estado? La separación de Iglesia y Estado es un concepto legal en el cual la Iglesia no interviene en los asuntos públicos y el Estado no favorece ninguna religión. Hay quienes alegan que fue el Maestro Jesús y no Maquiavelo el primero que plasmó la idea de esta división de poderes. Un conocido versículo bíblico dice: "Dad pues al César lo que es de César y a Dios lo que es de Dios". Esta célebre frase surge como respuesta a una pregunta malsana y trucada hecha por parte de los grupos religiosos judíos con el fin de desacreditar y hacer arrestar a Jesús. El liderato religioso buscaba solucionar un problema, callar al

Maestro que los estaba atacando y desenmascarando. El eminente rabino salido de los barrios pobres abría los ojos de los buscadores espirituales alejándolos del sistema religioso y los libertaba de su yugo esclavista. Conspiraron fariseos y herodianos. Los primeros pertenecían a una secta religiosa conservadora altamente organizada cuya preocupación principal era la de mantener su pureza religiosa. Tenían mucha influencia sobre el pueblo, por lo que el Rey Herodes "el grande" no los persiguió, sino que fue tolerante con ellos. El otro grupo, los herodianos, eran personas acomodadas para los cuales el gobierno herodiano significaba estabilidad económica. Aun cuando en este caso en particular se podía demarcar con facilidad el poder político del religioso, éstos cruzan los linderos y establecen alianzas para proteger sus intereses.

    El gobierno romano estaba pasando por momentos difíciles con revueltas e insurrecciones en sus territorios. Nuevos movimientos, grupos o líderes en protesta no se podían permitir. Para el fariseo, el Maestro Jesús, representaba un peligro, sus enseñanzas y su fama se regaban como pólvora y sus ataques a su controlador sistema religioso eran cada vez más directos.

    La pregunta estaba diseñada para que cualquier respuesta actuara en su contra. "Dinos, pues, qué te parece: ¿Es lícito dar tributo a César, o no?" (Mateo 22:17) El Maestro no coqueteó ni con el estado y mucho menos con los religiosos. Aquellos que esperaban una contestación subversiva se quedaron con las ganas. Si Jesús hubiera contestado que sí, que era lícito, perdía la confianza del pueblo que estaba siendo sometido por el poder militar y daba espacio para que la estructura religiosa pudiera atacarlo y restarle mérito a su persona. El imperio romano dominaba el territorio desde el año 63 a. C. y el pueblo judío todavía albergaba en sus mentes y corazones la idea de que eran gobernados teocráticamente. Yahweh era Dios y señor de la nación y a Él solamente se le debía tributar. Si la respuesta hubiera sido No, entonces se declaraba abiertamente en contra del gobierno Romano. Allí estaban en contubernio la Iglesia (los fariseos) y los intereses tras el poder político (los herodianos) para hacerle arrestar o ejecutar.

La respuesta de Jesús fue (Mateo 22:21) "Dad, pues a César lo que es de César y a Dios lo que es de Dios." Esta histórica respuesta imposibilitó en ese momento el plan para deshacerse de Jesús y muchos ven la respuesta como un intento del Maestro de establecer la separación de poderes. Pero, a mi entender, esto sería de poco fundamento para un hombre de la talla de Jesús y limitaría la profundidad de su mensaje.

El Maestro con esa contestación estableció que ni el sistema religioso tramposo que lo quería matar ni el César que representaba el poder político están por encima de la Deidad y lo que ésta representa. Jesús establecía que el límite de los dos poderes residía en que ninguno puede ir en contra de la creación y la presencia divina. El rostro en la moneda del tributo era el de César, pero el rostro de Dios está en cada ser humano y ningún sistema económico, político o religioso puede pisotear esta imagen.

Aunque sabemos que el tributo o contribución que se aporta a veces es mal utilizado por políticos corruptos, éste es necesario no sólo para mantener las operaciones del Estado sino que su utilización puede y debe ser un instrumento eficaz para promover la justicia social. Todo sistema de orden económico debe de alguna manera redundar en beneficio de la comunidad y no de unos pocos. El Estado en el cual los ciudadanos depositan su confianza debe, con mucha más razón, velar por lo que es justicia social. Debe ser parte de nuestra misión como buscadores espirituales, velar por la sana administración del sistema público y las leyes que se aprueben.

La respuesta de Jesús ha sido interpretada como una gran barrera que divide una cosa de la otra al extremo de que algunas personas en el ámbito religioso entienden que la religión no debe mezclarse con la política lo cual es correcto ya que primeramente, la religión no debería existir. ¿Quiere esto decir que el hombre y la mujer espiritual, el humano que ha despertado a una nueva conciencia no debe de inmiscuirse en la cosa pública? Todo lo contrario. Aquel que ha despertado a una nueva conciencia y ocupa o aspira a un puesto político debe tener como objetivo el de administrar los bienes públicos hacia la nueva transición mundial a la que nos movemos y que no habrá de parar. El político visionario y con una nueva conciencia debe de tener una visión holística, de apertura y de visiones más cooperativistas, donde se puedan integrar los derechos individuales y colectivos de manera simultánea dentro de un marco de cuidado ambiental. ¡Hacia eso vamos!

La globalización hacia la que nos movemos puede realizarse a través de la economía, pero debe servir para erradicar la pobreza y la explotación de los individuos. De lo contrario, cómo le damos a Dios lo que es de Dios. La imagen de Dios es el hombre mismo, la raza humana, hombre, mujer, es… Dios. Y su manifestación... Todo lo que existe. El mar, la tierra, sus frutos, el planeta, la galaxia.

Religión y salud pública

Dado el hecho de que estamos discutiendo la temática de la religión y el gobierno, el tema del VIH es un factor importante ya que toca la salud nacional. La religión es una fuerza tan grande, que aún cuando existe la separación entre Iglesia y Estado, ésta ejerce control sobre las decisiones de los líderes políticos de la nación. El temor a votos de reprimenda o castigo por parte de los líderes religiosos y su feligresía, hace que se tomen decisiones importantes a nivel nacional aun cuando éstas no son en nada efectivas y perpetúan situaciones precarias y peligrosas. Cuando se habla de la salud pública a nivel nacional, específicamente en el caso de la pandemia del VIH, la inversión de dinero por parte del gobierno está mal utilizada cuando hablamos de prevención.

En conversaciones con grupos de trabajo comunitario, he podido auscultar que los millones de dólares que el gobierno destina para trabajar con esta epidemia, no alcanzan para el resultado esperado porque la estrategia se enfocó durante muchos años en promover la abstinencia y no en enseñar y promover la educación sexual. Aun cuando científicamente no se puede probar que la abstinencia sea efectiva para la prevención del VIH sigue siendo la presión religiosa la que determina lo que es la estrategia de salud pública. Su influencia en cuanto a lo que es "moral" desde su perspectiva teológica, será la de rechazar o influenciar todo aquella legislación que vaya en contra de sus agendas aun cuando ésta represente una eficaz estrategia de salud para controlar una pandemia como lo es el VIH. También he visto que se ha probado que los grupos y/o países que tenían una acelerada incidencia de casos, como la comunidad homosexual y países como Brasil, han controlado significativamente la incidencia de nuevos casos. ¿Por qué? Pues porque estos grupos mencionados, reconociendo la magnitud del problema, comenzaron a educar a su gente. Pero, mencionar educación sexual en los frentes religiosos es tabú. Ni pienses en educación sexual, porque:

SEXO = PLACER
PLACER = CONOCERME
CONOCERME = A CONOCER AL OTRO
CONOCER AL OTRO = ACEPTACIÓN/INTEGRACIÓN
ACEPTACIÓN/INTEGRACIÓN ≠ RELIGIÓN

Esto denota, que la presión ejercida por el poder religioso, imposibilita a los líderes que se han escogido de manera democrática a tomar decisiones claves para el bien común. La visión arcaica de la Iglesia en países católicos y protestantes con relación a lo "impuro " del sexo, es la razón por la cual la epidemia del VIH no ha sido controlada en los Estados Unidos. Las estadísticas informan que las personas de mayor riesgo de contagio son jóvenes entre las edades de 14 a 29 años, y el grupo de mayor crecimiento en los años recientes es el de los negros homosexuales. En los años 80 y 90, esta epidemia cobró miles de vidas entre la población blanca homosexual, quienes trabajaron agresivas campañas de educación, reduciendo el riesgo de contagio dentro de su grupo. Al día de hoy cuando estudiamos estadísticamente el aspecto político social del VIH, vemos como el virus afecta de manera más contundente las estratas sociales de menor acceso a servicios sociales, educación y poder político.

A finales del 2005, había 2.2 millones de adultos encarcelados en los EE.UU. según información publicada por el Departamento de Justicia. El 1.8 % de la población penal en el 2004 era VIH positivo. Más de una cuarta parte del por ciento estimado de la población general.

Los estudios indican que la transmisión del virus en las cárceles se debe a reos teniendo sexo con reos y/o por recibir tatuajes. Esto se complica más cuando se estima que un 25 % de las personas con VIH en los EE.UU. pasarán algún tiempo en una facilidad correccional probablemente por casos relacionados a drogas y otros actos criminales. Estos en algún momento volverán a la libre comunidad, quizás contagiados, ante la inacción de un sistema que no quiere reconocer públicamente que el contagio se podría evitar repartiendo profilácticos y jeringuillas y mediante la educación sexual entre los reos. Ya esta acción se tomó en Brasil en el año 1997. En Río de Janeiro, el Departamento de Prisiones repartía aproximadamente 10, 000 condones por mes para 13, 000 prisioneros. Pero... hacer esto en países intoxicados por la religiosidad, sería tener a los grupos religiosos y su liderato en contra, ya que entenderían que se estaría auspiciando una conducta condenada por Dios y antinatural aunque en el reino animal y de manera natural existan más de 1, 500 especies que exhiben y practican alguna conducta homosexual.

Repartir condones en focos de infección sería esencial en el área de prevención. La educación sexual en las escuelas y en las iglesias sería un pilar, para que se aprendiera a evitar el contagio y, además, se reducirían los embarazos entre adolescentes. Pero al poder religioso no le importa. Para ellos la educación sexual y el disfrute de manera responsable que esto pueda tener es peor que la enfermedad y las dificultades y problemas que traen los embarazos no deseados.

Religión, medioambiente y servicio comunitario

Comencé diciéndote que iba a compartir contigo mis experiencias y creo que es el momento de hacerlo. Me encuentro en este momento en un espacio rodeado de vegetación, bajo una sombrilla de playa, al lado de una piscina y pensé si no podría estar escribiendo lo mismo en la ribera de un río bajo un árbol de pana. Me contesté que no. Entonces, me cuestiono porqué me siento mejor estando cerca de un agua tan clara con cascadas artificiales y palmas artificialmente plantadas, y no en un bosque, cerca de un río, donde todo se manifiesta de manera natural.

A medida que lo analizo, vengo a reconocer cuánto el supuesto desarrollo y aquello creado por el hombre me han movido fuera del camino. En este momento me estoy sintiendo más cómodo en un sitio artificialmente creado y no en uno que fluye naturalmente. ¿Será que el fenómeno religioso del cual hemos venido hablando afecta mi relación con el medio ambiente?

Esa energía amorfa que llamamos Dios decidió en algún momento experimentar y manifestarse en formas y espacios. Los físicos cuánticos lo saben; reconocen que la materia se formó de la no materia, y que ésta, la materia, responde a leyes que demuestran una inteligencia operante en ella. Nuestros estilos de vida que se nos han impuesto, auto impuestos, o inducidos; nos alejan cada vez más de nuestra naturaleza original. Y ahí, es donde la religiosidad y el planeta cobran vida en este libro.

La religiosidad y el planeta

Creer que se va al cielo, ver el cielo como meta y galardón después de la muerte ha llevado al individuo a perder el amor por el planeta. Muchos conceptos religiosos limitantes nos han alejado del contacto con la naturaleza. En Puerto Rico, las iglesias pentecostales de la "sana doctrina" prohibían a sus feligreses ir a la playa para evitar que vieran cuerpos semidesnudos. Si la iglesia tenía algún tipo de actividad en alguna playa, las mujeres podían bañarse en el mar en falda y blusa ya que todo tipo de traje de baño estaba prohibido. Apostamos por el espacio cerrado para reunirnos en contraposición al contacto directo con la naturaleza. No quisiera que se me malinterprete y se piense que no reconozco los beneficios de tener una estructura con techo y paredes. Alejando al humano de la naturaleza, han decidido adorar a Dios en una estructura que muchos optan considerar sacra y llamarla la casa de Dios, pero esto le ha restado al humano y al planeta.

En el año 2007, el barco Pacific Sand Piper transportaba 4, 323 libras de Plutonio 239 por el Canal de La Mona. Según expertos, un accidente grave pudiera haber acabado con la vida en la isla de Puerto Rico y hubiera podido contaminar gran parte de la República Dominicana con radiación. El Plutonio 239 es un isótopo radioactivo creado por el hombre y se utiliza para confeccionar armamentos atómicos y para generar energía eléctrica en plantas nucleares. El tiempo de media vida (para que se consuma la mitad de su radiación) del Plutonio 239 es de 24,131 años. Se cree que una millonésima parte de un gramo es suficiente para, de ser inhalada, causar cáncer. Los efectos en el medio ambiente y los daños inmediatos tardíos y/o genéticos, son muchísimos, pero éste no es el foro para abundar sobre esto. Teniendo una leve noción de lo que acontecía para este evento, decidí acercarme a líderes religiosos que me conocían para solicitar su apoyo en una protesta contra este gran peligro. El resultado del acercamiento a uno de los líderes religiosos, que yo entendía tenía la educación y el conocimiento para comprender la magnitud de este peligro, me dejó perplejo. Su respuesta para no involucrarse fue que movimientos como Greenpeace, o movimientos verdes, como le llamó, incluían en su agenda fomentar el culto a la diosa, o el lado femenino de Dios por lo que él no estaba dispuesto a permitir que su feligresía tomara parte activa en esta protesta. Su visión limitada y su actitud, demostró que puede más una teología patriarcal, limitante, exclusivista y sexista que el riesgo que corría un país con aproximadamente 3.9 millones de habitantes.

 El alegato de este líder religioso de que los movimientos verdes apoyan las religiones matriarcales es una media verdad y, por lo general, es a la inversa. Los grupos neopaganos, entre estos el wicanismo o wicca, apoyan y promueven los movimientos verdes, honran la naturaleza y sí fomentan el culto a la diosa o el lado femenino de Dios, especialmente los movimientos wicanos diánicos. Reconocer el lado femenino de la deidad no es ningún problema, por el contrario, reconocerlo nos balancea y nos lleva entender y a respetar el sexo opuesto de manera más fácil y más eficiente para el establecimiento de las relaciones. El problema que se podría dar en el wicanismo, y que espero nunca ocurra, es que estas asambleas podrían tomar giros feministas en extremo lo que los llevaría a cometer el mismo error de las religiones patriarcales. El abuso y el discrimen por el que tantos siglos ha sido víctima la mujer, mantiene heridas que todavía no han cicatrizado y, sin lugar a dudas, en el wiccanismo la mujer se siente reconocida, querida, participe y honrada. Lo importante es que no se deben fomentar ideas o mitos que hagan ver el otro aspecto de la deidad como el opresor o el enemigo. Si bien reconozco que esa percepción tiene razones válidas e históricas he sido claro a lo largo de este escrito que el buscador espiritual (y hago referencia a ambos sexos) no debe permitir que los conceptos de los opuestos los dividan. El buscador espiritual evolucionado reconoce que los opuestos son lo mismo aunque no lo parezca. El concepto de la unidualidad es un principio que reconoce que todo lo existente es una unidad diversificada en donde los opuestos son necesarios y los antagónicos se sostienen. Frío y calor, luz y obscuridad, eléctrico y magnético carga positiva y negativa, son solo algunos ejemplos. La conciencia Universal, Dios, el gran misterio, o como le quieras llamar, se manifiesta en un Universo de antagónicos convergentes y complementarios donde para que exista algo debe existir su opuesto lo que los convierte en la misma cosa.

    La unidualidad del Ser es real y necesaria. Los opuestos se necesitan, sin uno no existe el otro y, por lo tanto, se complementan. Los dos aspectos de la deidad deben ser vistos como iguales, con la misma importancia. La deidad es unidual y no existe división en ella como tampoco debe existir en nosotros.

    La preservación del planeta y sus especies debería ser parte de la agenda espiritualista y de nueva conciencia. Ya he podido ver en algunas iglesias de avanzada el uso

Mi Dios no tiene religión

de zafacones rotulados para clasificar el material reciclable. Éstas son las menos y tal parece ser que ha sido más una respuesta a las nuevas leyes del Estado que un movimiento de conciencia. Al no tener plena conciencia de lo que eres, no sientes ningún amor por el planeta el cual está tan vivo como tú.

Una revolución espiritual siempre traerá consigo una conciencia universal planetaria. Como parte de la unidualidad que todo lo permea tenemos una conciencia cósmica-terrestre.

Por eso la manera continua en que nos empeñamos en el espacio o en irnos al cielo o que Dios está en el cielo. El balance en esta conciencia cósmica terrestre es necesario para entender y ver el daño grave que le hacemos al planeta y a nosotros mismos, y que dependemos de él y de su energía. El planeta es parte importante de lo que soy, respiro por un sistema que opera en el planeta. Duermo, como y visto de lo que el planeta me suple, gracias a un sistema que opera inteligentemente y de manera cíclica.

Para beneficio de la raza y del planeta, las instituciones religiosas han tenido que embarcarse en la nueva corriente verde, y ya sus integrantes están reconociendo que cuidar del planeta es necesario para nuestra supervivencia. Pero, lamentablemente, aún no reconocen nuestra relación con el planeta como la conexión entre dos seres vivos. Sin ser panteísta, es necesario reconocer que la deidad se manifiesta en todo lo creado. Reconocer esto haría del planeta, un lugar más sacro que cualquier mega estructura que llamamos templo o iglesia garantizando así la subsistencia de futuras generaciones.

Wilfredo Robles

Servicio comunitario

Reconozco que las instituciones de fe religiosa han ayudado a personas con problemas diversos, tales como la adicción a drogas, la pérdida de un ser querido y las relaciones de pareja. Yo personalmente lo he vivido y participé de grupos de apoyo dentro de la iglesia con el fin de ayudar a personas que sufrían de una necesidad. Esa labor que se da y esos servicios que se ofrecen en algunas instituciones de fe, sin lugar a dudas, son deseables. Lo que quiero que medites conmigo, amigo lector, es lo siguiente.

Existen numerosos medicamentos que nos pueden ayudar momentáneamente a superar un dolor o una crisis nerviosa, pero eso no quiere decir que eliminan el mal que nos aqueja. La causa de la aflicción está presente, el medicamento nos alivia y podemos proseguir nuestra rutina diaria. Pero el mal continua, no desaparece. Peor aún, el medicamento que entendemos que nos hace bien nos causa efectos secundarios que pueden ser peores o que nos conducen a tomar otros para contrarrestar los efectos secundarios que, a su vez, nos causarán otro mal.

Eso, amigo lector, pasa con la religión. Ésta nos brinda un escape, un alivio a una realidad que para muchos es cruel o difícil pero que es producto de nuestro desconocimiento. Desconocemos cómo relacionarnos con el otro yo, "inlakesh". Desconocemos cómo vivir una vida simple, pero completa. Desconocemos cómo funcionar en sociedad sin que el rol nos arrope y por consiguiente, nos movemos a buscar la ayuda y las respuestas en el Ser Supremo que todo lo sabe, y eso, es lo correcto, pero la religión no es el camino. La religión, considerada una adicción sicológica al igual que el trabajo, el juego, el sexo, y el consumo desmedido, es la droga o el medicamento que te atonta, que te hace creer que estás en el sitio correcto para recibir ayuda o solucionar el problema, pero no es así.

Mi Dios no tiene religión

El adicto cae en el vicio sin percatarse, creyendo que él puede decidir cuándo usar la droga, pero llega el día en que ya no tiene el control. Lo mismo ocurre con el sistema religioso. Te absorbe y limita tu capacidad de razonar, y entonces llega el momento cuando aquel que cuestione tu fe es el enemigo o "cosa del Diablo".

Ahora bien, ¿qué haríamos con aquellos que se dirigen a una iglesia para buscar ayuda, si las religiones desaparecieran? ¿El gobierno se encargaría? ¿Los planes médicos cubrirían algún servicio? Pues ése no será el caso. Y no es precisamente lo que propongo en este libro. Para el verdadero servicio socio-espiritual que las religiones alegan que están interesadas en brindar, debe ocurrir lo siguiente. Moverse al servicio público comunitario como Iglesia y no como grupo religioso. Permíteme explicarme. La iglesia o ecclesia lo que significa es asamblea. Por lo general, se utiliza de manera equivocada la palabra "iglesia" para identificar el sitio o lugar en donde personas se reúnen a escuchar un mensaje religioso. Para utilizar los conceptos con propiedad, llamaremos al sitio de reunión el templo y al grupo de personas la iglesia, tal como se conocía en los inicios del movimiento cristiano. "Saludad también a la iglesia de su casa." (Romanos 16:5) Este versículo hace clara referencia a un grupo que se reunía en una casa. Eventualmente, Pablo, desde su visión mística y helenística, utiliza la palabra iglesia o asamblea para introducir el concepto del cuerpo de Cristo. Este concepto traído por el apóstol Pablo lo que establece es que los creyentes o personas que profesan la fe cristiana son todos un solo cuerpo. Esto al parecer es algo que solo funciona entre los mismos concilios pues aun dentro de las mismas denominaciones cristianas las divisiones son obvias.

La iglesia debe despertar del sueño o salir de su huelga social y debe volver a lo que fue su misión antes de que el Estado entrara en el asunto y asumiera su responsabilidad de ayudar al necesitado y practicar el ejercicio de la caridad, buscando el bien común. Es de suma importancia que se entienda que justicia social no se debe confundir con evangelismo. La Iglesia puede crear y fomentar centros para ayudar a ancianos y enfermos, puede crear albergues para ayudar en casos de desastre y aportar de maneras diversas a asilos y orfanatos, pero manteniendo la religión ausente sin importar origen social, raza, religión y/o preferencia sexual. El mensaje de amor no debe quedarse en el púlpito, pero no debe de ser una manera para posicionarse socialmente para ganar adeptos. Eso sería hipocresía. Si el religioso se siente tan parte de una sociedad a la que dice amar en nombre de Dios no le debe bastar con estar en ella sino que debe actuar en ella de manera que exprese el amor que dice sentir.

    El mensaje del maestro Jesús era, y es, de colaboración y debe ser el de ayudar en los problemas sociales desde la perspectiva de que todos somos criaturas hechas a la imagen y semejanza de Dios. El buen samaritano en la parábola que encontramos en Lucas 10:25 es un ejemplo claro de lo que estamos esbozando en este caso. Esta parábola es de las más conocidas, pero el mensaje que encierra no es bien comprendido por lo que la citaré y discutiré ya que encierra parte del mensaje de este libro.

"(25) Y he aquí un intérprete de la ley se levantó y dijo, para probarle: Maestro, ¿haciendo qué cosa heredaré la vida eterna? (26) Él le dijo: ¿Qué está escrito en la ley? ¿Cómo lees? (27) Aquél, respondiendo, dijo: Amarás al Señor tu Dios con todo tu corazón, y con toda tu alma, y con todas tus fuerzas, y con toda tu mente; y a tu prójimo como a ti mismo. (28) Y le dijo: Bien has respondido; haz esto, y vivirás. (29) Pero él, queriendo justificarse a sí mismo, dijo a Jesús: ¿Y quién es mi prójimo? (30) Respondiendo Jesús, dijo: Un hombre descendía de Jerusalén a Jericó, y cayó en manos de ladrones, los cuales le despojaron; e hiriéndole, se fueron, dejándole medio muerto. (31) Aconteció que

Mi Dios no tiene religión

descendió un sacerdote por aquel camino, y viéndole, pasó de largo. (32) Asimismo un levita, llegando cerca de aquel lugar, y viéndole, pasó de largo. (33) Pero un samaritano, que iba de camino, vino cerca de él, y viéndole, fue movido a misericordia; (34) y acercándose, vendó sus heridas, echándoles aceite y vino; y poniéndole en su cabalgadura, lo llevó al mesón, y cuidó de él. (35) Otro día al partir, sacó dos denarios, y los dio al mesonero, y le dijo: Cuídamele; y todo lo que gastes de más, yo te lo pagaré cuando regrese. (36) ¿Quién, pues, de estos tres te parece que fue el prójimo del que cayó en manos de los ladrones? (37) Él dijo: El que usó de misericordia con él. Entonces Jesús le dijo: Ve, y haz tú lo mismo."

En los versículos anteriores vemos a un intérprete de la ley o como conocemos hoy día a un teólogo o estudioso religioso, buscando "probar"o desacreditar al Maestro pues, como es ya conocido, éste no se ajustaba a las ideas y conceptos religiosos. Jesús le responde a su maliciosa pregunta, llevándolo nuevamente a las escrituras que el religioso, como de costumbre, lee y ajusta a su conveniencia o según le dicte el Concilio.

Lo importante en esta parábola es que un individuo herido y dejado por muerto por unos ladrones en un camino fue visto en su necesidad por dos religiosos, un levita y un sacerdote. Estos dos líderes religiosos pasaron de largo aún cuando lo lógico sería que los representantes de Dios sean los primeros en ayudar al necesitado. Jesús, utilizó en su parábola a un samaritano los cuales eran detestados por los levitas y los sacerdotes por razones histórico-religiosas para criticar una vez más al sistema religioso y llevar una profunda enseñanza.

Muchas veces la "pureza" religiosa y separatista no nos permite operar desde la perspectiva del amor menospreciando a los demás. Fue un samaritano, uno que a juicio de los dos líderes religiosos no estaba "bien" con Dios, el que se movió a misericordia curando, cuidando y poniendo sus recursos para ayudar al necesitado. Las enseñanzas del Maestro Jesús van por encima de raza, religión y nacionalismos. El Maestro en su parábola nos hace pensar en cómo la mentalidad religiosa nos lleva a pasar de largo menospreciando a aquel en necesidad por no considerarlo igual a nosotros mismos.

Luego de la parábola la historia bíblica muestra un dato real e interesante. "¿Quién, pues de estos tres te parece que fue el prójimo del que cayó en manos de los ladrones? Él dijo: "el que uso la misericordia con él". Como vemos, él interprete de la ley en su orgullo religioso no quería mencionar al samaritano como aquel que demostró ser el prójimo amando al otro como a sí mismo. Medita en esto unos minutos y verás un retrato de nuestra situación como raza. Tenemos una casa (la institución religiosa) que nos sirvió y nos sigue ofreciendo unos servicios, pero hemos descubierto que en su construcción no se tomaron en consideración algunas cosas que ahora están afectando a otras.

¿Echamos la casa al suelo y la hacemos nueva? No. No podría, porque no tengo otra. ¿Qué hacemos? ¿Comenzamos a construir una nueva estructura sobre la que tenemos? No, si la que tengo es débil, la nueva estructura la haría colapsar. Así que mi única solución es construir desde adentro. La institución religiosa puede evolucionar hacia instituciones de índole totalmente espiritualistas y conscientes, donde la unidad, el amor, el bien común, y por ende, el mío propio, se conviertan en una práctica no divisionista dirigida al fin

último que es nuestro proceso evolutivo. Esta 'casa' está constituida por múltiples miembros y aditamentos, cada uno ejerciendo una particular función. Si me reconozco como parte de esa casa y me interesa mantenerla, para mi propio beneficio, debo mirar en qué puedo aportar. La lógica me llevaría a pensar en lo que tengo más cerca, en lo que más conozco. O sea, yo.

Mi Dios no tiene religión

    Para conocerme a mí mismo y reconstruir la casa debo tener la valentía de cuestionar las "verdades" exclusivistas que nuestras respectivas religiones enseñan y cómo éstas nos afectan. Aún dentro de las diez religiones con mayor número de seguidores, no hay cabida para un Dios universalista. Cada una presenta su verdad de manera exclusiva con características humanas particulares y mensajes separatistas. Otro paso importante es conocer la historia de la religión para ver cómo ésta ha afectado y afecta la convivencia a nivel social. La historia secular puede aportar a conocer el origen, las ideas y el por qué de éstas. Estudiar la historia secular de cada movimiento religioso podría sorprenderte.

    Conocer lo que soy, buscar tiempo para la introspección es otro paso de gran significación. La mayor parte de las personas en este momento histórico, viven en una constante "comunicación". El celular, la computadora, Facebook, Twitter, la radio, la Internet y Skype son algunas de las múltiples maneras de comunicarnos y recibir mensajes. Todo esto, unido al ajetreo de la vida diaria, nos distrae y nos impide escuchar el mensaje más importante, que es el de nuestra voz interior. La quietud es necesaria. Prácticas meditativas y algunas modalidades del yoga podrían ayudarnos a realizar una amplia introspección, pero debo hacer un alto para criticar aquellos que en su búsqueda espiritual han abrazado el ascetismo. El separar un espacio para la introspección es necesario. El apartarse para evitar interrupciones, centrarnos y pensar para tomar "buenas" decisiones es necesario, pero negar tu verdadera naturaleza por pensar que ésta te ata y no te permite transcender es limitar tu capacidad de realmente conocer. La interacción es necesaria, la práctica de la danza, las artes y el sexo son muy espirituales. Negar lo que eres realmente es un error. Los estados alterados de conciencia que puede experimentar un asceta o un yogui deberían ser para unir más al individuo con Dios y con sus semejantes y no para apartarlo de la sociedad, ya que la sociedad misma es una manifestación divina. De igual manera, verme en el otro, reconocer mis capacidades y mis defectos y poder sobrellevarlas es otro paso para la reconstrucción de la estructura llamada Iglesia que ha sido utilizada de manera nefasta por las estructuras religiosas. Es mi responsabilidad trabajar con lo que tengo para contribuir al bienestar del entorno del que soy parte: la casa, el sistema, el planeta. Y, por último, buscar y mantener la conexión divina.

  Este sistema religioso, esta casa que es lo único que tengo, a muchos les ha ayudado a entender y a descubrir que hay un Dios, una deidad. El problema está en que, al no conocerme a mí mismo primero, hemos comenzado a ver a ese Dios a nuestra manera y con muchas inexactitudes. Esto me ha llevado a fragmentar mi persona, mi familia y mi raza, así que para arreglar este problema, para reconstruir la casa de la cual soy parte, debo empezar por mí mismo. Debo trabajar con el Yo.

El yo, el ego, el rol, inlakesh

  El Yo falso es la conclusión errónea de que somos producto de la identificación con la raza, grupo o nacionalidad o religión. Esto se extiende hasta rivalidades aún dentro del grupo donde las partes reclaman tener ciertas características que los diferencian. El yo falso es individualista, te separa y te aísla aún dentro de tu grupo familiar. El Yo verdadero, el Yo soy, el ser, es la partícula Dios-atómica, por llamarla de alguna forma; no te aísla sino por el contrario te reconecta con todo lo creado.

  Creerte que lo que eres es meramente lo que compones socialmente o creerte que tú eres el torrente de procesos en tu mente, o tu cambiante cuerpo que luce muy distinto al que tenías hace 20 años, es realmente limitarte, reducirte y mutilarte.

Mi Dios no tiene religión

El Yo falso, te separa de la totalidad. El Yo falso está identificado con el tener. Si tienes, eres. La presión social te ha llevado a creerte que las fachadas son la totalidad y juzgamos a partir de esas fachadas. Auto de lujo es igual a dinero, dinero es igual a éxito, éxito es igual a felicidad. Lamentablemente, muchas personas increíblemente ricas, viven vidas miserables y no saben cómo salir de ese círculo vicioso del tener para ser feliz y lo peor de todo es que creen que no se puede escapar de eso. Por esto en nuestra travesía evolutiva de lo que es superfluo a lo que es real, debo recordar no tener un concepto más alto de mí mismo, que el que deba ser; que tengo mis malos momentos, y los demás también; y que tengo un punto de vista, pero existen varios.

El ego es la idea que cada uno tiene de sí mismo. Esta idea está tan arraigada que ejerce control sobre la psiquis humana y sobre nuestros actos. El ego y el yo no son lo mismo. El ego daña nuestra capacidad de crecer más allá de nuestro inimaginable poder. Lo vemos en el ejemplo de las riquezas disponibles y la realidad. Tengo la capacidad para brindarle a una persona muchas riquezas: un vehículo deportivo, costosas alhajas, un lujoso apartamento, ropas de diseñador. Y lo llevamos a una isla desierta. Al poco tiempo de disfrutar de estos lujos por los cuales muchas personas trabajan afanosamente, se cansará. Les perderá el interés ¿Por qué? Porque no tendrá la oportunidad de enseñarlos, de mostrarlos en su círculo social, de definirse dentro de una estructura jerárquica que le "da poder". En otras palabras, no es el tener las cosas, sino en mostrar las cosas, porque hemos entendido, de manera errónea, que las posesiones hablan de lo que soy. Así que cuando descubrimos al ego, y podemos meditar en lo que hacemos, vemos con claridad el Rol que no es otra cosa que la función que un individuo ejerce dentro de una estructura social. Y los roles pueden ser varios. Un individuo puede tener un rol de gerente de una tienda y a su vez ejercer un rol de padre y esposo, pero eso no es lo que él es, sino la función que desempeña. Cuando identificas tu rol, te puedes distanciar de él y no te reconoces como tu función, al no identificarte con la función, el yo verdadero queda separado y entonces te ves tal cual eres. El verdadero Yo, el 'Yo soy' del que hablaba Jesús. La partícula DiosAtómica, por llamarle de alguna manera, queda expuesta y te reconoces como parte de un todo, una partícula más de un macro en donde estás inmerso e interconectado. Esa interconexión te lleva a reconocer a 'Inlakesh' lo cual es necesario para amar al prójimo como a ti mismo. ¿Por que? Porque inlakesh significa, "Yo soy otro tú, Tú eres otro yo." Este antiguo saludo Maya, nos presenta una cosmovisión de unidad que nos lleva a comprender al otro antes de juzgarlo y tomar acción. ¿Por qué entonces no reconocer que aquel que tiene alguna idea religiosa distinta podría saber cosas que yo no sé sobre el ser divino con el que me pretendo conectar? ¿Podríamos los dos estar totalmente equivocados? ¿O podríamos tener verdades complementarias a medias? Con eso en mente, debemos movernos a derrumbar los muros religiosos que nos separan de los otros y peor aún, los que nos dividen a nosotros mismos. Vamos a reconocernos, a reconocer al otro y felizmente marchar a casa.

El miedo y el éxito de las religiones

Las religiones como instituciones sociales deben ser evaluadas, y se debe ponderar cómo sus influencias afectan al individuo. A través de toda esta lectura, hemos podido observar cómo éstas afectan de manera negativa nuestra salud mental y nuestra relación con el planeta.

Hemos visto la cantidad de horrores que se han realizado a través de la historia. Y como éstas, las religiones, tratan de imponer presión sobre el estado para que sus ideas se perpetúen y sus agendas se promuevan al extremo de que los políticos, en su afán de mantenerse en el poder, auscultan la manera en que la religión y sus líderes van a opinar sobre temas sociales y lo consideran a pesar de que la posible presión vaya en contra del bien común y no así el de la religión y sus líderes. Esto demuestra temor al poder religioso y la ya conocida poca lealtad al pueblo de parte de los líderes políticos. La religión es la madre de la hipocresía social y, aunque hay personas que en su ignorancia y por los años de adiestramiento sicológico están enajenadas y no pueden ver el terrible daño que las religiones nos hacen y nos han hecho, sus líderes con más capacidad de estudio tratan de evitar a toda costa que sus fieles piensen, se cuestionen o presten atención a ideas diversas a sabiendas de que no se le puede tomar el pelo a todo el mundo todo el tiempo.

Por otro lado, está el buscador espiritual que ya ha encontrado cierta comodidad y unas explicaciones algo convincentes a su necesidad espiritual, y aunque no está del todo convencido, prefiere mantenerse en esa comodidad por temor a perder el contacto con sus amigos del grupo religioso. Por temor a descubrir lo que ya temía, que su creencia es absurda, y está basada en el temor, en el separatismo, y que dista mucho del amor que se alega tiene Dios por la humanidad. En fin, la mayor parte de los creyentes podrían constatar que sus religiones son estorbo para su crecimiento espiritual, pero para ello hace falta una gran dosis de valor y de respeto propio. Pero una cosa sí es cierta, aunque muchos no quieran salir de su zona cómoda por la razón que sea, la religión como la madre de la hipocresía, queda al descubierta cuando comenzamos a ver a Dios en los demás.

Cuando reconocemos que Dios no tiene nada que ver con la religión y que ésta solo discrimina, juzga y aísla a los habitantes de este planeta, nos debemos preguntar qué diría Dios de todas las atrocidades que se cometen en su nombre.

Reconocer y expresar que las religiones nos alejan de Dios, que son un problema, que su historia es nefasta, y lo peor de todo, que se repiten, requiere valentía. El buscador espiritual debe ser valiente. Los que hemos trabajado en la realización de este libro, sabemos que va a caer mal y sabemos que cuando se vea su carpeta, la persona que lo lleve será estigmatizada. Pero si el estigma va de la mano con el cambio social que fuimos buscando en las religiones, entonces vale la pena ser estigmatizado pues estamos en lo correcto y en lo que perseguíamos y persigue todo verdadero buscador espiritual. Muchos pastores, ministros, curas, y otros líderes religiosos verán sus salarios en riesgo por lo que les he planteado y condenarán esta lectura. Otros pocos, con ínfulas de poder, verán aquí la oportunidad para desligarse de sus concilios y aparentarán más apertura camuflando sus agendas y querrán usar este libro para crear otro movimiento religioso, lo cual no es y no ha sido nuestra intención. El buscador espiritual debe tener la capacidad para discernir entre espiritualidad y religión y vivir de acuerdo a los designios de su corazón y no ceder su individualismo. Reconocer que Dios es uno, y que sólo en perfecto amor podremos abrazar a cristianos, musulmanes, sufíes, yoguis y budistas. Así como las abejas colectan polen de diversas flores para crear una mezcla pura y homogénea como la miel, nosotros, tú y yo, como buscadores espirituales, debemos unirnos en un solo sentir para movernos hacia la conexión divina desde la aceptación, la paz y el amor, aceptándome y aceptándote, respetándome y respetándote, amándome y amándote, sin religión, un solo pueblo, una sola raza, un solo Dios. Solo así podremos tener paz y solo así el "Imagine" de John Lennon y otros maestros se harán realidad. Una vez no necesitemos de sistemas religiosos para entender nuestra conexión con lo Divino, con lo Eterno nuestras relaciones personales cambiarán, la cultura cambiará, los gobiernos cambiarán. Y, sólo entonces, las estructuras punitivas y de competencias no tendrán razón de existir.

El buscador espiritual debe reconocer una contradicción difícil de entender y es que la espiritualidad no es algo que se busca. Somos espíritus viviendo en un mundo espiritual, pero que tiene formas y espacios. Así que espiritualidad no es otra cosa que vivir nuestra naturaleza espiritual en armonía con todo. Esto no hay que buscarlo, esto simplemente pasa y seguirá pasando. Sólo nos toca poder verlo y decidir vivirlo.

Como mencioné anteriormente, quiero terminar reconociendo que sé que la lectura de este material pudo haber sido incómoda para algunos, especialmente si ésta los ha llevado a cuestionar su fe que por tantos años creían que era el camino a Dios. Pero... aclaro, que nunca ha sido mi intención atacar a alguien de manera personal y, si así se ha visto, quiero recalcar que mis críticas han sido al sistema que estas personas representan. Otros entenderán y aceptarán la triste realidad de que la religión promueve el odio, la separación y la violencia y pensarán que lo que resta es resignarse. Yo personalmente creo que hay esperanza para la raza humana. Creo que podemos convivir en paz, en armonía y sin fronteras. Creo que podemos dejar de vivir encerrados, sin rejas y sin controles de acceso. Creo que podemos vivir en armonía con las leyes naturales que gobiernan el planeta y que podemos darle reversa al daño ecológico que hemos creado. Creo en más jardines, en más espacios verdes, en aire menos contaminado y más agua pura. Por otro lado, no creo en que tengamos que sacrificar nuestras comodidades, sino buscar que éstas no dañen el medio ambiente. No creo en la necesidad de más cárceles, sino en la recapacitación del individuo. Creo en dar los buenos días, creo en la frase: ¿cómo te puedo ayudar? Creo en reír con el que ríe y en sufrir con el que sufre. Creo en la humanidad como una sola raza, creo en que si más personas están bien, Yo estaré bien, Tú estarás bien, Todo estará bien. Y realmente tal vez lo que yo pueda creer no hará gran diferencia en un planeta de siete mil millones de habitantes. Pero alegra mi corazón el saber que, al igual que yo, hay muchos más hermanos planetarios que creemos en nuestra evolución hacia una nueva conciencia y nos estamos ayudando en este proceso. Además, el que hayas leído hasta aquí es un indicio de que el mensaje es compartido o que, por lo menos, ha llamado tu atención.

El verdadero buscador espiritual, donde quiera que esté, es un factor motor en la creación de una cultura globalizada que, aunque con distintos colores, idiomas, costumbres y vestimentas, se reconoce primero como una familia planetaria. No hay que ser religioso para tener una buena relación con Dios y con las personas. Es mi deseo manifestar como co-creador de este vasto Universo que cada humano reconozca lo que somos, Chispas Divinas. Partículas de la mente universal creadora, experimentando en este plano de materia y de espacio.

Hoy, como todos los días, te invito, junto a mis otros hermanos donde quiera que estén, a manifestar que el reconocimiento de lo que somos nos llevará a vivir en paz, sin guerras ni conflictos y sin rumores de éstos.

ASÍ ES, Y ASÍ SERÁ.

GLOSARIO

Conciencia cósmico-terrestre = Concepto acuñado por el autor que expresa; La conciencia cósmico terrestre es parte de la totalidad que somos. Dos conciencias distintas que son una. Una manteniendo el vínculo con su capacidad divina y su lugar de origen antes de que el mundo fuese y la otra manteniendo su racionabilidad y emociones para el desenvolvimiento en el plano terrestre en el que nos encontramos.

Chispas divinas (partículas Dios-atómicas) = Chispas, rayos energéticos, esencias puras. Partículas de energía de un todo que llamamos Dios y que está evolucionando por la experiencia de cada partícula manifestada en los distintos planos existenciales.

Cosmovisiones = Las ideas y conceptos con relación a la existencia de todo, tanto visible como invisible y que en conjunto, forman una idea general con distintas conceptualizaciones. Por ejemplo, la cosmovisión cristiana: Un dios creador, creación, diablo. Lucha entre el bien y el mal. Cielo e infierno. De igual manera el Islam, el Budismo y otras religiones o escuelas de pensamiento cuentan con otras cosmovisiones.

Canon cristiano = La composición de los 39 libros del antiguo testamento, y los 27 del nuevo testamento y que conforman el libro llamado biblia.. La unificación de estos libros según la fe cristiana ha sido por dirección misma de dios. Existen otros libros que tuvieron relevancia en la historia judeo-cristiana, pero distintas agendas de poder y distintas interpretaciones teológicas entre los concilios religiosos hicieron que no se incluyeran. Esos mencionados son llamados libros apócrifos.

Concilio de Nicea =Asamblea de religiosos convocada por el emperador Constantino, en el 325 con el fin de unificar las distintas ideas y creencias sobre la persona de Jesucristo y establecer una religión oficial en el imperio romano.
Dogma = Es una preposición que se acepta como una verdad absoluta. El dogma es el pilar de toda religión, ya que establece y legitima su creencia. Para el religioso negar un dogma es negar la autoridad de Dios. Un ejemplo de dogmas es, Jesús es Dios. O; Ala es el único Dios verdadero.
Expansibilidad = Capacidad de expandirse más allá del espacio que ocupa. Por ejemplo los gases tienen la particularidad de expandirse y seguir ocupando espacio.
Inmanente = Esencial, intrínseco y permanente. Que no puede ser separado de algo.
Unidual = Que se compone de opuestos. Opuestos que son una misma cosa. Son antagónicos que convergen y se complementan. Para el autor Dios es unidual. La creación por ser manifestación Divina es unidual. No puede existir algo sin que exista su opuesto.
Rand = Entidad sin fines de lucro que se dedica a analizar data sobre política, economía, religión, agricultura ect.
Inlakesh = Expresion Maya, que significa, Yo soy tu. O… yo soy el otro tú. Entender que somos Inlakesh, es uno de los pasos que el autor indica que son necesarios para el despertar de la conciencia.

TABLA DE CONTENIDO

Introducción 9
Capítulo I: Una experiencia inicial con lo divino 15
Capítulo II: Religiones y doctrinas disparatadas 21
    La religión cosa de ciegos 24
    La religión, el grave problema social 31
    La experiencia personal 35
Capítulo III: La revelación divina cerca de ti 39
    Camino a casa 42
    La deidad y tú, la deidad en ti 42
    Enredos en el camino 49
Capítulo IV: Las iglesias y el control:
el sexo, el patriarcado y la maldad 55
    Dios, ¿padre? 63
    La maldad 65
    Métodos para garantizar el control social política, educación y miedo 73
    Religión, gobierno y violencia 75
    Algunos políticos y sus ejecutorias 76
    Religión y salud pública 85
    Religión, medioambiente y servicio comunitario .. 88
    La religiosidad y el planeta 89
    Servicio comunitario 93
    El yo, el ego, el rol, inlakesh 99
    El miedo y el éxito de las religiones 101

Glosario 106

Wilfredo Robles

Exitoso administrador de proyectos en la industria del vidrio que, impulsado por una experiencia mística con lo que muchos llaman Dios, pasó a convertirse en un estudioso de los diversos caminos espirituales.

Wilfredo Robles nos plantea, de manera personal y asertiva en su libro *Mi Dios No Tiene Religión*, una crítica a los sistemas religiosos y su impacto negativo en la raza humana. De forma amena y visionaria, Wilfredo nos lleva en un viaje de conocimiento personal y nos presenta una propuesta para una sociedad más unida partiendo desde lo que él considera debe ser el ministerio de todo buscador espiritual.

www.wilfredorobles.com

www.ingramcontent.com/pod-product-compliance
Lightning Source LLC
Chambersburg PA
CBHW031651040426
42453CB00006B/267